高中音乐鉴赏课
多元文化融合的途径探索

贾 丹 ◎ 著

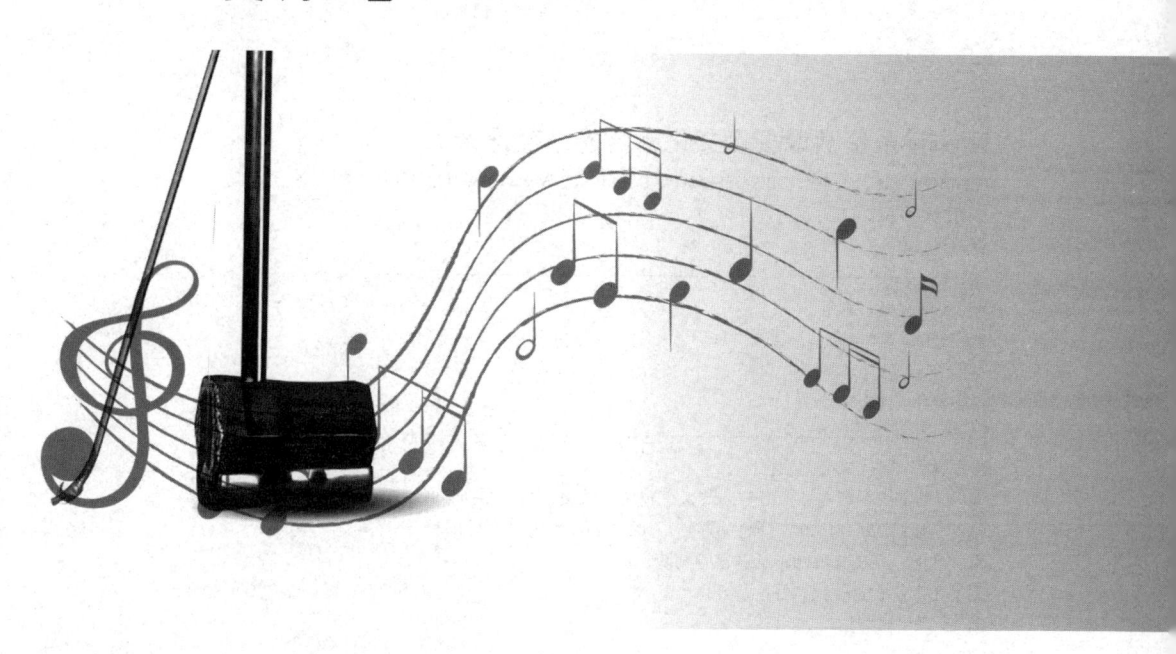

时代文艺出版社

图书在版编目（CIP）数据

高中音乐鉴赏课多元文化融合的途径探索 / 贾丹著
. -- 长春：时代文艺出版社，2023.12
ISBN 978-7-5387-7444-3

Ⅰ.①高… Ⅱ.①贾… Ⅲ.①音乐课—教学研究—高中 Ⅳ.①G633.951.2

中国版本图书馆CIP数据核字(2024)第021855号

高中音乐鉴赏课多元文化融合的途径探索
GAOZHONG YINYUE JIANSHANGKE DUOYUAN WENHUA RONGHE DE TUJING TANSUO
贾　丹　著

出 品 人：吴　刚
责任编辑：孟宇婷
装帧设计：钱金华
排版制作：钱金华

出版发行：时代文艺出版社
地　　址：长春市福祉大路5788号　龙腾国际大厦A座15层（130118）
电　　话：0431-81629751（总编办）　　0431-81629755（发行部）
网　　址：weibo.com/tlapress（官方微博）
开　　本：787mm×1092mm　1/16
字　　数：175千字
印　　张：10.75
印　　刷：廊坊市海涛印刷有限公司
版　　次：2023年12月第1版
印　　次：2023年12月第1次印刷
定　　价：78.00元

图书如有印装错误　请寄回印厂调换

作者简介
AUTHOR

贾丹,女,汉族,山东菏泽人,本科学历,菏泽市第二中学音乐教师。曾荣获省级优课、省级优秀指导教师、市教育教学先进个人等奖项,曾在《中国体卫艺》等刊物发表论文数篇,主持市级、区级等多项研究课题。

前言
PREFACE

  在音乐鉴赏课上,学生能接触到来自不同国家和地区的音乐作品,这些作品拥有不同的文化背景和文化传统。通过学习和欣赏,学生能够了解到不同文化之间的差异和共通之处,拓宽自己的音乐视野,增强对多元文化的理解和尊重,提高自己的审美能力和情感表达能力。通过学习和欣赏不同文化背景下的音乐作品,学生能够了解到不同的创新思维和艺术表现方式,激发自己的创新能力和综合素质。

  本书主要针对高中音乐鉴赏课多元文化融合的途径探索展开研究,旨在介绍高中音乐鉴赏课实践多元文化融合途径的具体措施。

目 录 CONTENTS

第一章 音乐教育与高中音乐教育概述 ……………………001
第一节 音乐教育的概念 ……………………001
第二节 中国音乐教育发展过程、现状及存在的问题 ……………………026
第三节 高中音乐教育基本理念 ……………………046
第四节 高中音乐课程的内容标准 ……………………047
第五节 高中音乐课程的教学原则及设计思路 ……………………070

第二章 高中音乐鉴赏课堂设计 ……………………090
第一节 高中音乐鉴赏课堂的教学程序 ……………………090
第二节 高中音乐鉴赏课堂的教学技能 ……………………092
第三节 高中音乐鉴赏课堂的音乐感受与要素分析 ……………………095
第四节 高中音乐鉴赏课堂的知识面拓展 ……………………096
第五节 高中音乐鉴赏课堂的兴趣创造 ……………………098

第三章 多元文化音乐教育 ……………………100
第一节 高中音乐课程多元文化教育的内涵及价值 ……………………100
第二节 高中新课标中音乐文化与多元文化的联系 ……………………101
第三节 多元文化融入高中音乐鉴赏中的原则 ……………………102
第四节 多元文化音乐教育存在的问题 ……………………104

第四章 高中音乐鉴赏课与多元文化的融合途径 ……………………106
第一节 多元文化与课程内容相结合 ……………………106
第二节 以音乐为媒介培养学生的文化鉴赏能力 ……………………107
第三节 利用多学科的渗透扩展课程内容的丰富度 ……………………108

  第四节 运用多媒体技术丰富多元文化教育形式……………111
  第五节 运用交互式教学法开展多元化主题音乐鉴赏教学………112

第五章 高中音乐鉴赏课与多元文化的融合策略……………114
  第一节 创新音乐教学理念……………………………………114
  第二节 多元文化音乐教育基础………………………………116
  第三节 体验型教学活动………………………………………117
  第四节 多元化民族音乐课程…………………………………120
  第五节 多元文化音乐教育体制………………………………122

第六章 高中音乐鉴赏课与多元文化融合的优化措施……………130
  第一节 教师要与时俱进地提高自身素养与见识……………130
  第二节 确保高中音乐鉴赏课自身的独立……………………136
  第三节 教师要引导学生批判地看待多元文化………………141
  第四节 创新教学方式让学生在课堂中发挥自主性…………148
  第五节 调整高中音乐鉴赏课的课程评价方式………………152

参考文献……………………………………………………………159

第一章　音乐教育与高中音乐教育概述

音乐有其独特的语言和表达方式。通过音乐教育,学生可以学习音乐的基本知识和技能,包括音乐理论、乐器演奏、声乐技巧等,也能够更好地理解和欣赏音乐,提升音乐表达能力和创造力。通过音乐教育,学生也可以学习如何用音乐来表达自己的情感,更好地理解和欣赏音乐,提高自己的情感表达能力。

第一节　音乐教育的概念

一、对音乐教育的哲学思考

(一)音乐教育的基本性质

1.审美性

《普通高中音乐课程标准》(2017年版2020年修订)明确提出音乐课程具有审美性。美育的主要任务是培养人们的正确审美观,提高人们鉴赏美、表现美、创造美的能力。由此可见,审美性是音乐教育最基本的性质。在音乐教育中的审美教育中,培养学生的爱美心理是重点内容之一。也许会有人说,爱美之心人皆有之,不需要去培养。但事实上并非如此,因为美有一个标准的问题,如果一个人分不清美丑,甚至把丑的东西当作美的事物来对待,那他所爱的就不是美。所以,对于学生来讲,需要进行爱美心理的培养。爱美心理的培养不仅仅关系到审美观的问题,还间接关系到道德观、人生观和价值观等问题。在对学生进行爱美心理教育的过程中,主要解决两个问题:第一、对美的认识和鉴赏;第二、对美的追求和创造。首先,我们来谈谈对美的认识和鉴赏问题。什么是美?

美就是人类社会实践活动、自由创造的形象体现。所谓自由创造的"自由",不是随便、任意的意思,而是在认识到的客观必然性、规律性的基础上,能动地去改造世界,以实现人类的目的和要求。这种自由包含了创造,是人在创造中对自身的一种解放。美的形态主要分为四种,即社会美、自然美、艺术美和形式美。

社会美主要包括人的美、劳动产品的美、劳动环境的美和生活环境的美等等。如:通常我们所说的仪表美、语言美、行为美、心灵美,就是指人的美(这里面包含了道德观、人生观、价值观等因素)。

自然美包括两种情况:一种是经过劳动改造的自然景物,如美丽的田野;另一种是未经改造的自然景物,如蓝天、大海、森林等。

艺术美是美的集中表现,它是对人类生活、社会实践和自然中美的能动反映,因而它是美的高级形态。艺术美来源于生活、实践,但并不等于生活、实践,它在再现社会现实的同时,注入了艺术家对现实的感情、态度、评价,表达出一种观念和思想,是客观与主观、再现与表现、创造的有机统一。艺术美是艺术家在生活的基础上,创造性劳动的结果,它能在精神上、思想上给人以巨大的影响,成为鼓舞人们改造世界、追求新生活的强大精神动力。

形式美是指自然、生活、艺术中各种形式因素(如色彩、线条、形体、声音等)及其有规律的组合所具有的美。换言之,形式美是人们在接触某一事物时,抛开事物的内容,而直接在事物的形式上所产生的美感。如人的形象给人的美感;各种色彩给人的美感(红色使人感到热烈兴奋,黄色象征着华贵,绿色使人感到安静,白色象征着纯洁)。形式美与艺术美是密切相关的,因为艺术美离不开完美的艺术形式,而创造完美的艺术形式必须运用形式美的有关法则。以上美的四种形态在音乐教育中都会涉及到,但重点是艺术美。作为音乐来讲,它的艺术美主要体现为:优美动人的旋律,生动的音乐形象,丰富多彩的音色组合,深远的意境和神韵。

那么,怎样指导学生去鉴赏美呢?第一、要让学生掌握音乐审美的基本知识和方法。例如:了解音乐语言的内部结构和音乐语言的特殊性,掌握音乐语言的基本规律等。第二、帮助学生建立正确的音乐审美观，即引导学生认识什么样的音乐才能称之为"美"。美的音乐应当具有如下特征中的第一条,再加上其它任意一条:旋律优美动人,意境深远感人;能使人精神振奋,有益于学生的学习和身心健康;符合各个年龄阶段学生的心理特征,反映了当代学生的理想、愿望和思想品德;能表达广大人民的心声,抒发人民对祖国、对党的热爱之情。

教育学生追求美和创造美,指的不仅仅是艺术美和形式美,也关系到社会美和自然美。换句话说,不仅仅是教学生欣赏和创造音乐本身的艺术美和形式美,而且还要教学生理解和引申音乐作品中深层次的思想内涵,领悟和拓展音乐作品中用语言无法表达的精神境界和神韵。使学生对美的追求和创造从音乐延伸至文学、美术、环境、仪表、外貌、行为和心灵等各个方面,从而达到陶冶情操,净化心灵的目的。

音乐教育的审美性决定了音乐教育在实施的过程中,必须以审美为核心。从教学内容的确定,到教学形式、教学方法的选择;从教师的语言表达,到作品的范唱、范奏;从师生的衣着仪表,到教学环境的布置,都应当体现审美的特点。这样能使学生在美的熏陶和愉悦之中,感受人生的真谛,成为道德美好、情操高尚、心灵纯洁的人。

2.多元性

音乐教育的多元性主要表现在如下三个方面:

(1)音乐教育中包含了丰富的横向学科知识。音乐,作为一种社会文化现象,它与人类文明历史的发展有着千丝万缕的联系。无论是社会科学、人文科学,还是自然科学,我们都可以在音乐中感觉到它们的存在。具体来说,音乐教育与政治、语文、历史、地理、宗教、伦理,甚至数学、物理、化学等课程之间,都存在着内在的必然联系。这是音乐教育多元性的客观因素之一。音乐教育的这一特点决定了它不仅具有审美的功能,而且具有辅德、益智、健体等作用。这是我们研究音乐教育在素质教育中的地位与作用,以及如何发挥音乐教育在素质教育中的作用的重要基础。

(2)音乐教育自身是一个多元性的系统结构。音乐教育自身多元性的系统结构主要体现在两个方面:一是知识传授的多元性。二是能力培养的多元性。在音乐教育中,既有音乐能力的培养,也有一般能力的培养。音乐能力的培养如:演唱、演奏能力,识谱能力,音乐感受能力,音乐鉴赏能力,音乐表现能力,音乐创作能力等。一般能力的培养如:注意力、观察力、记忆力、想象力、思维能力、创造力等。

(3)音乐教育中体现了真、善、美的和谐、统一。美是人类自由创造的形象体现,而自由创造又是合乎目的性、合乎规律性的统一体。合乎规律性是真,合乎目的性是善。狄德罗说:"真善美是些十分相近的品质,在前面两种品质之上加上一些难得而出色的情状,真就显得美,善也显得美。"应该说,美的内涵之中必然包含真、善。音乐教育是审美教育,因此,它体现了真、善、美的和谐、统一。例如:人民音乐家张光年作词、冼星海作曲的《黄河大合唱》,以中华民族的发源地——黄河为背景,通过《黄河船夫曲》《黄河颂》《黄河之水天上来》《黄水谣》《河边对口曲》《黄河怨》《保卫黄河》《怒吼吧!黄河》八个乐章,用叙述和浓缩的艺术手法,真实而生动地再现了日本帝国主义侵略中国,给中国人民带来了深重的灾难这一段历史,反映了当时的中国人民不甘为奴隶,誓死保卫国家的坚强决心。作品的内部结构具有很强的逻辑性和因果关系,符合人们的思维方式和事物发展的规律,这是真;作品对于当时的抗战具有强烈的号召性和鼓舞作用,实现了作者想要达到的目的,这是善;作者用高超的艺术手法,通过优美抒情、令人震撼的旋律,把真善融入其中,这就是美。

从以上三个方面可以说明,音乐教育具有知识面广、综合性强等特点,是其他任何学科都不能替代的特殊学科。

3.工具性

人类音乐文化有着几千年的光辉历史,几千年以来,它之所以能够延续、发展,许多古老的音乐珍品之所以能够流传至今,其中最大的功劳就是音乐教育。从远古的口传心授,到利用乐谱教学,再到现代化的电化教学,音乐教育以各种手段来传授、传承音乐文化信息。从这种意义上讲,音乐教育具有工具性。也就是说,音乐教育是传递音乐文化信息的工具。

因此,在音乐教育中,我们要把艺术性与思想性有机地结合起来。要让学生学习最优秀的、有益身心健康的音乐作品。要重视音乐对学生思想意识的潜在作用。正如匈牙利著名音乐教育家柯达伊所说:"我们一定要考虑到儿童纯洁的心灵是神圣的,我们所灌输给他们的东西一定要经受得住任何考验。如果播种下坏的东西,我们就将毒害他们的心灵,直至终生。"

(二)音乐教育的基本特征

1.音乐教育是以情感体验和形象思维作为审美的主要途径

情感是人对客观事物的态度的体验,是人的需要是否获得满足的反映。人的需要是多种多样的,按需要的起源可以分为生理需要和社会需要;按需要所指向的对象,可以分为物质需要和精神需要。通常来说,需要获得满足就会产生积极的情感;需要得不到满足就会引起消极的情感。可以说,在日常生活和工作中,情感体验一般与个人的利益是密切相关的,它带有直接的功利性。但是,在音乐审美教育中,大部分情况下,情感体验并不与个人的利益有直接的联系,例如:我们在欣赏乐曲《江河水》时,那哭泣的音调,那时而凄凉时而悲愤的旋律,使我们从内心深处深深感受到一种悲痛的情感,这时,我们的心情是沉重的、同情的,甚至会流下伤心的眼泪。很明显,我们在欣赏作品时,并没有遭遇作品中主人公的不幸,但为什么会有与主人公一样的情感体验呢?这是因为音乐欣赏是通过一种看不见、摸不着的,特殊的物质材料——音响,作用于人的听觉神经,而引起人的联想、想象等一系列心理活动,这时的情感体验是由审美主体(人)的审美观、价值观、道德观、世界观来决定的。所以,从这种角度来说,音乐教育中的情感体验是超功利的,音乐教育中培养的情感是一种高尚的情感,它可以使人的思想达到最高境界。

音乐审美教育中,除了有情感体验之外,还会有形象思维,两者是密切相关的。当我们体验到作品的某种情感时,会在脑海里产生一定的"形象"——某种特定的场景或人物,当然,有时也可能是先有形象思维,然后才有情感体验,但这并不是我们现在所要讨论的问题。我们所要讨论的问题是,这种"形象"不是指绘画、摄影、雕塑、舞蹈戏剧等视觉意上的形象,而是指听觉意义上的形象。视觉意义上的形象具有客观性和审美时的共性,即大家所看到的是同一幅画或同一件艺术作品,而听觉意义上的形象存在于每一个人的脑海里,具有很大的主观性和审美时的个性,它可能是某一事物的典型形象,也可能是某一具体形象的再现,还可能是各种形象的综合体。总之,它是由审美主体(人)的生活经历、文化程度、艺术修养所决定的。应该说,音乐审美中的情感体验和形象思维都具有不定性、主观性、抽象性和创造性。

可见,在音乐审美教育中,情感体验和形象思维是我们理解音乐,感受和评判音乐美的主要途径,没有它们,音乐审美将无法进行。同时,我们要认识到,这种情感体验和形象思维具有一定的抽象性、可塑性和审美主体之间的差异性。

2.音乐教育是以技能技巧的传授作为审美的工具

在音乐教育中,不仅要培养学生感受音乐、欣赏音乐的能力,而且要培养学生表现音乐、创造音乐的能力,因此,光有理论知识的传授是不够的,还必须传授一定的技能技巧。例如:歌唱的演唱姿势,发声的方法,咬字、吐字的处理;器乐的演奏姿势,演奏方法,弓法、指法及常用技巧的掌握;识谱能力训练,等等。这些技能技巧的传授,是进行审美教育的必备工具,也是艺术教育学科不同于其他教育学科的个性特征之一。

技能技巧的传授必须在大量的实践中才能进行。音乐教师要有意识、有目的地让学生多参与音乐实践活动,把音乐理论知识的讲解与技能技巧的培养结合起来,不断提高学生的音乐表现能力和创造能力。值得注意的是,音乐技能技巧的传授是为音乐审美教育服务的。这句话有两层含义:第一、进行音乐审美教育需要一定的技能技巧,但技能技巧的传授必须与美感经验、美感表现相结合,要坚决反对枯燥乏味的纯技术训练;第二、音乐审美教育是目的,技能技巧传授是实现目的的工具,二者是主次关系。有些音乐教师在这个问题上没有认识清楚,他们把技能技巧的传授作为衡量音乐教育质量的标准,其中最突出的现象就是把识谱教学当成音乐教育的主要内容,把音乐课变成了背概念、记口诀的公式化教学课,完全失去了音乐教育的意义。

3.音乐教育使人在愉悦之中接受教育

音乐给人的愉悦感实际上是通过听觉产生的一种"审美趣味评断"（康德语）。它是审美经验积淀、综合的心理反映，是一种美感享受。音乐的愉悦性本身就是一种美的体现。当它以特有的艺术魅力给你带来愉悦的时候，此刻也在滋润着你的心灵，使你在不知不觉中受到了陶冶和教育，真可谓"润物细无声"。这种"寓教于乐"的教学形式使音乐教育具有强大的生命力。教师不仅要有意识地把知识性、思想性融入愉悦性之中，而且要认识到愉悦是有层次的。比方说，有听觉官能的愉悦，有情感体验的愉悦，也有理性分析的愉悦。不同层次的愉悦给人带来的教益是有区别的。教师要引导学生把愉悦性提高到最高层次，从而更好地把握和领悟音乐作品中深层次的思想内涵。

（三）音乐教育的基本功能

1.审美教育功能

音乐的本质是美的，它的美独具魅力，使无数人为之倾倒。《论语》中记载："子在齐闻《韶》，三月不知肉味。曰：'不图为乐之至于斯也。'"这是孔子听乐后的感受。而大文豪巴尔扎克认为"只有音乐的力量使我们返回我们的本真，然而其他的艺术却只能给我们一些有限的快乐"。音乐教育是针对音乐本质的教育，它是一种以音乐为内容，以音乐的情感体验、形象思维为有效途径，并结合一些教学手段和教学方法，培养人们认识美、欣赏美、表现美、创造美的能力的教学实践活动。所以，审美教育功能是音乐教育最本质最核心的功能。

具体来说，音乐教育的美育功能主要体现在以下两个方面。一方面，通过恰当的方法和途径向人们展示音乐的美。古希腊客观主义哲学家、美学家柏拉图曾说过："节奏与乐调有最强烈的力量浸入心灵的最深处。如果教育的方式适合，它们就会拿美来浸润心灵，使它也就因而美化。如果没有这种合适的教育，心灵也就因而丑化。"所以说，音乐美的传播很大程度上取决于音乐教育。另一方面，通过审美教育培养人们认识美、表现美、创造美的能力，丰富人的情感，美化人的心灵。马克思曾经说过："只有音乐才能激起人的音乐感。对于没有音乐感的耳朵说来，最美的音乐也毫无意义,不是对象。""有音乐感的耳朵"是欣赏音乐美的前提条件,但它并不是每个人都天生具有的,更多的依赖于后天的培养。音乐教育正承载了这样的任务。

2. 文化传承功能

音乐是人类文明的一种,它会随着时代的发展和历史的变迁而产生、发展、沉淀、消逝。而音乐教育为音乐的延续和发展提供了可能性,也正是由于音乐教育,一些传统音乐文化和表演技艺才得以保存和流传。从最初的口传心授到后来正规的学校教育和广泛的社会教育、家庭教育,音乐教育的形式不断地发展和完善,它的传承功能也随之丰富和深入。具体说来,音乐教育有传递、选择、改造和创新音乐文化的功能。

音乐教育在传承文化的整个过程中,音乐教师具有关键性的作用。因此,教师应做到:第一,选择优秀的音乐作品作为教学内容。这些音乐作品应该既是音乐文化中的精品又要符合学生的心理特征,既要涵盖世界各地的优秀作品又要突出本民族的音乐特色。这样才能使学生主动地、全面地、科学地学习音乐文化。同时,教师应该引导学生在课余生活选择恰当的音乐作品进行欣赏和学习。第二,引导学生正确地、富有个性和创造性地欣赏和表现音乐作品。只有把握好音乐作品的本质和精髓,人类历史的音乐文化才得以真正意义上的传递。第三,鼓励学生根据自己的理解和所处的时代背景对音乐作品进行加工和再创造,在吸收历史音乐文化的同时充分发挥自己的创造能力。值得一提的是,在音乐文化的传承过程中,本国的和本民族的音乐应得到足够重视,因为每个民族在传承自己的音乐文化方面都有得天独厚的优势,如果这一优势得到很好的发挥,世界音乐文化就会越来越丰富多彩,趋于多元化。反之,世界音乐文化就会越来越中和,趋于一元化。

3. 协同教育功能

由于音乐与社会科学、人文科学、自然科学有着广泛的、密切的联系,所以,音乐教育在进行以审美为核心的教育活动中,会自然地、必然地与语文、政治、历史、地理、美术、体育、数学、物理、化学等课程产生联系,为音乐教育与其他学科教育协同提供了可能和条件。具体来讲,音乐教育在进行审美教育的同时，可以与思想素质教育、文化素质教育、心理素质教育、身体素质教育、劳动素质教育协同教育。根据协同学的原理，当系统内的各个子系统的关联运动占主导地位时，各个子系统就会自动地服从于整体，产生协同效应，形成整个系统的整体功能和联合作用，这时的整体功能大于各个部分功能之和。显而易见，在音乐教育与素质教育的各个子系统协同教育的过程中，会促进、加强各个子系统的关联运动，以形成协同效应，优化素质教育系统的整体结构和整体功能，使整体功能大于各部分之和。我们应该充分重视和发挥音乐教育的这种特殊作用和功能，使学生在美的体验、感悟和创造中，得到全面的综合素质教育。

心理学家霍华德·加德纳在《多元智能》一书中提出的多元智能理论，从另一个角度证实了音乐教育的协同教育功能。该理论指出人类至少存在七种智能：除了语言智能和数学逻辑智能之外，还有音乐智能、身体运动智能、空间智能、人际关系智能和自我认识智能。这些智能之间是相互联系、和谐统一的。各智能要相互促进、均衡发展，人的潜能才能最大限度地被开发。

音乐教育可以全面培养人们的注意力、记忆力、观察力、想象力、思维能力、创造力等多种能力，从而促进其他智能的发展。例如，音乐旋律与体态律动的结合可以培养协调性，对身体运动智能的发展有一定促进作用；合唱、合奏等集体协作活动可以培养人们的合作意识，发展人际关系智能。在音乐教学过程中，教师要注意音乐知识和其他文化知识的协同，有意识地培养学生的综合能力。

4.社会交往功能

音乐教育属精神文明范畴，最终是为社会发展服务的。首先，音乐教育的社会交往功能体现在道德教化方面。音乐教育是一种富有强烈艺术感染力的教育形式，它可以把高度发展的社会理性转化为生动、直观的感性形式，起到净化心灵、陶冶情操、完善人格的功能。自从远古时期，音乐教育的道德教化功能就被人们重视并加以运用。音乐教育可以帮助人们在参与音乐活动中，相互交流思想和感情，增进友谊和了解，达到促进社会和谐发展的目的。再次,在音乐教育活动中,可以培养人们的群体意识、合作精神和人际交往能力。

5.娱乐健体功能

音乐教育可以帮助人们认识和欣赏美的音乐,引导人们追求高层次的、美的音乐作品,从而提高人们的文化品位和生活质量。所以说,音乐教育可以怡情养性、修养身心,对于引导人们积极健康地生活、形成良好的社会风气有着积极作用。

二、建立新的音乐教育观念

音乐,作为艺术的一个门类,它的产生与发展是伴随着人类文明历史前进的。人类生活离不开音乐,人类表达思想感情要借助于音乐,各个历史时期的统治者、不同的阶级也把音乐作为政治斗争的工具。所以,音乐不但与政治学、历史学、地理学、文学、心理学、伦理学、宗教学等有着密切的联系,而且与数学、物理学、化学等自然学科有着一种暗含的关系,这说明音乐教育具有知识覆盖面广、综合性强的特点,虽然它是属于素质教育系统中的子系统(素质教育—文化素质教育—艺术教育—音乐教育),但它却包含了思想素质教育、文化素质教育、心理素质教育、身体素质教育等多种成分。因此,音乐教育可以与素质教育系统中的各个子系统相互渗透、相互补充、协同合作,并促进各个子系统之间的关联运动,提高素质教育效率,优化素质教育协同的整体结构和整体功能。

如何在音乐教育中贯彻素质教育的思想,如何使音乐教育在素质教育中发挥积极、主动的作用,这将涉及教学内容、教学形式、教学方法的改革,以及课程标准的制定、教材建设等一系列问题。首先应解决的问题是更新音乐教育观念,即建立一种新的音乐教育观念——音乐教育与素质教育协同。这一观念包含如下几层含义:第一、音乐教育是面向全体学生的审美教育,它的主要任务是培养学生鉴赏美、表现美、创造美的能力,提高他们的音乐修养,培养他们的创新意识,使其具有丰富的情感、良好的品德和创造精神,在音乐教育中,要加强愉悦性、情感性和即兴性,突出审美的特点;第二、音乐教育是素质教育系统中不可缺少的有机组成部分,它对于人的整体素质培养具有其他学科所不能取代的作用;第三、音乐教育既有自己的独立性,又与素质教育系统中的各个子系统之间存在着客观的、必然的、非线性的联系,换言之,音乐教育在发挥审美教育功能的同时,也具有德育方面、智育方面、体育方面的辅助功能,并能促进德、智、体、美之间的关联运动,使之产生协同效应,以提高素质教育系统的整体功能;第四、在进行音乐教育的过程中,音乐教师要有意识地、主动地与横向学科协同合作,充分发挥音乐教育的特殊作用。这一观念既包含了音乐教育本身的素质教育,又强调了音乐教育在素质教育中的特殊地位和作用。它可以帮助我们全面地、客观地、正确地认识音乐教育,使音乐教育改革沿着素质教育的轨道顺利地向前发展。

在实现音乐教育与素质教育协同的过程中,既要充分发挥音乐教育在素质教育中的特殊作用,又要防止盲目夸大音乐教育在素质教育中的功能的思想和做法。这是因为:其一、音乐教育是以审美为目的的教育,在它与素质教育协同的过程中,不能也不可能替代素质教育系统中的其他任何子系统;其二、音乐教育与素质教育协同的效应是通过音乐教育与素质教育系统中各个子系统的关联运动(并由此促进各个子系统之间的关联运动)得以实现,音乐教育必须与各个子系统协同才能发挥它独特的功能[1]。在实现协同教育的过程中,要特别注意两点:一、强调音乐审美教育的目的性,防止把音乐教育变成枯燥乏味的理论说教;二、将知识性与趣味性、愉悦性融为一体,即在音乐教育中,巧妙地把横向学科知识与审美教育相结合,使学生在愉悦中学习、巩固、运用各方面的知识,并将知识融会贯通。

三、在音乐教育中体现素质教育

(一)音乐教育应面向全体学生

素质教育最基本的要求之一,就是教育要面向全体学生。这也是音乐教育应遵守的一条原则。现在有些学校的音乐活动搞得很频繁,获得了不少的奖项,每年也有学生考取艺术院校,学校领导以此作为素质教育的成果引以为自豪。但仔细分析一下,实质上并非如此,因为他们开展音乐活动的人数只是局限在少数学生的范围内,开展音乐活动的目的

---

[1]陈天慧. 多元文化在高中音乐教学中的应用[J]. 学园,2022,15(35):41-43.

只是为了在音乐竞赛中获奖,或为报考艺术院校作准备,这与"应试教育"中的英才教育,片面追求升学率好像并无多大区别。

1.音乐课外活动应提倡普及性和多样化

音乐课外活动是音乐教育中不可缺少的有机组成部分,也是学生乐于接受的、生动活泼的、有效的音乐教育形式。一方面,它可以丰富、加强音乐课堂教学的知识和内容;另一方面,它可以为学生提供更多的学习音乐、表现音乐、创造音乐的机会,使学生在愉悦之中,消除文化学习带来的疲劳,使学生在活动之中,学会交流,增进了解,加强友谊。从这种意义上讲,音乐课外活动应提倡普及性和多样化。所谓普及性是指要让每一个学生都来参加课外音乐活动,所谓多样化是指开展活动的内容和形式要适应众多学生不同兴趣、不同爱好的需要,多样化实际上是为普及性提供积极的条件,例如:学校可组织全校性的班级歌咏比赛或开展课间集体舞活动,定期举办音乐欣赏讲座,组织观摩音乐电影和文艺演出,举办各种形式的音乐竞赛。

提倡音乐课外活动要普及,并不意味着反对在活动中选拔和培养在音乐方面有发展前途的人才,但要分清主次,要把普及放在首位。实际上这是两个互为因果关系的问题,有了普及,才会有提高。

2.音乐课堂教学应在数量和质量上得到保证

音乐课堂教学是对全体学生进行系统化、正规化音乐教育的主要途径,因此,必须在教学时数和教学质量上得到一定的保证。保证教学时数,这对于其他文化课程来讲,好像是一个不成问题的问题,但对于音乐学科来讲,却是一个难以解决的问题。接受音乐教育的学生只是少部分,因此,要做到音乐教育面向全体学生,必须保证全国每一所学校都开设音乐课,并保证其教学时数。保证音乐课堂教学的质量这个问题比较复杂,首先,要提高音乐教师的素质;其次,要在教学形式、教学方法、教材选择等方面进行改革。

有条件的学校必须安排专门的音乐教室。音乐教学与其他课程教学有许多不同之处:其一、要有专用的教学工具,如五线谱黑板、钢(风)琴、电子琴、音响设备等,这些教具有的很笨重,不便经常搬动;其二、要有一个幽雅的环境,一般来说,教室内应装饰具有审美特点的字画、人物肖像和乐器图片,使学生一进入教室就感受到美的气氛;其三、要与文化课教学区分开,因为音乐课教学,无论是唱歌,还是音乐欣赏,都会有很大的声音,势必会影响到其他文化课的教学。安排专门的音乐教室是完全必要的。现在有相当多的学校没有专门的音乐教室,上音乐课之前,教师抬着风琴满教学楼走,这一节课要上楼,那一节课要下楼,累得气喘吁吁、满头大汗,根本就没有情绪上课。上课的过程中,又怕影响附近班级的教学,教师和学生都不敢放声地歌唱,在这种氛围中学习音乐既谈不上享受愉悦,更谈不上情感体验。这一现象应引起有关领导的重视。

每一所学校必须配备必需的教学设施,如钢琴或电子琴、风琴,音响设备或一台收录机。有条件的学校还应该配备常见的乐器,如二胡、扬琴、琵琶、古筝、笛子、小提琴、大提琴、长笛、单簧管、小号、长号、圆号等,以满足课堂教学和课外活动的需要。

应当把音乐教育真正纳入学校整体教育的范畴。一方面,上级教育行政部门应当把音乐教育作为考核学校教育工作的项目之一,考核的内容包括:是否保证了音乐课堂教学的时数,是否有专职音乐教师,是否有专门的教学场地和必需的教学设施,是否开展了全校性的音乐课外活动,等等。另一方面,学校应当把音乐教育纳入整体规划,例如:采取一定的措施,防止其他文化课程挤占音乐课,给音乐教师开展音乐活动提供必要的条件,如时间、场地、设施、经费等,并从劳动计酬等方面对音乐教师的课外活动工作给予支持。

3.课堂教学要面向全体学生

课堂教学要面向全体学生,这句话包含两层意思:第一、教师选择教学形式、教学方法,确定教学内容、教学进度时,应面向全体学生。有的教师在教学中,不管是提问,还是要学生表演,总喜欢找少数几个音乐素质较好的学生,这实际上是人为地剥夺了大多数学生思考问题和表现音乐的机会,无意识地打击了大部分学生的学习积极性。第二、考核教师的教学水平、教学质量,应面向全体学生,应以全体学生的音乐素质、音乐能力为标准。

(二)音乐教育应以审美为核心

在素质教育系统中,各个学科都有自己的任务和功能,例如:数学课主要是培养学生的数字概念、运算能力和逻辑思维能力;语文课主要是培养学生的识字造句和阅读写作能力;历史课主要是让学生了解人类的过去和现在,了解人类文明的发展历史;音乐课则是通过教学生演唱、演奏、欣赏音乐,来培养学生的审美观和审美能力。这些学科对于学生全面素质的形成都具有各自不可替代的作用,因此,在实施素质教育的过程中,各个学科应以自身的任务为核心,再考虑与其他横向学科的协同合作。音乐教育是审美教育,毫无疑问,它的核心是审美,这意味着音乐教育不同于其他文化课程的教育,在实施的过程中,有着自己的个性和特点,正如新《标准》中的五大教育理念的第一条所指出的"以音乐审美为核心"。

1.音乐教育重在情感体验

音乐是情感的艺术,它是人类表达感情的特殊方式,因此,在音乐审美教育的过程中,情感体验是第一位的。过去,一些教师由于对这一问题认识不清,把音乐基础知识和基本技能技巧的学习作为音乐教育的重点,结果走了一些弯路,例如:有的教师过分重视识谱教学,他们认为,如果一个人不识谱就无法接受音乐教育,就是一个音盲,因此,他们花很多的时间教学生练习识谱,甚至搞集中识谱训练,但结果是,不仅学生的识谱能力没有提高,反而失去了学习音乐的兴趣。当然,识谱知识和基本技能是音乐教学中不可缺少的内容,但它们只是学生学习音乐的工具,而不是音乐教育的目的。

一般来说,人们对于音乐情感的体验是通过三个方面来实现的:第一、对音乐的感知;第二,在感知的基础上产生联想和想象;第三、对音乐的理性分析。

培养学生对音乐的感知能力。音乐感知能力并非仅指人对音乐作出感官上的反应(如感觉好听不好听),也不同于一般的感性认识,而是指人对于音乐中的旋律、节奏、速度、力度、调式、调性、音区、音色、和声等音乐要素在听觉上能作出正确的心理反应。换言之,音乐感知能力是指人对于"音乐语言"的理解能力,这是音乐审美教育的基础,如果学生不具备这种能力,我们的审美教育将无法进行。因此,在音乐教育中,要加强音乐欣赏课教学,要有计划、有目的地培养学生的音乐感知能力,让他们熟悉、掌握"音乐语言"的一般规律,如:旋律上行使人感到兴奋、情绪高涨、紧张,旋律下行使人感到平静、情绪低落、松弛;快节奏表现出热烈、紧张、欢快的气氛,慢节奏表现出宁静、抒情、忧郁的气氛;快速度营造出热情、激动、欢乐的情绪,慢速度体现出抒情、柔美、深沉的情感;在表现激动、强烈的情绪时,往往力度强,在表现优美、抒情的情绪时,则力度弱,等等。

启发、引导学生积极地进行联想和想象。"音乐语言"不像"文学语言"那样,具有明确的语义性,在音乐作品中,往往只是某种精神面貌、感情状态的表现,其中包含着内在的生命、情感、灵魂、风骨和精神,但并没有具体的指向。"音乐语言"的抽象性和可塑性,给听众在感情体验、形象思维等方面提供了较之"文学语言"更为广阔的空间。听众可以根据自己的生活经历、文化修养、审美经验,对于同一首音乐作品产生不同的联想和想象,做出不同的理解,进行不同的情感体验。由此可见,联想和想象是丰富、加深情感体验的审美心理过程,在音乐教育中,教师要有意识地启发、引导学生积极地进行联想和想象,使情感体验得到拓展和深化,同时,也培养了学生创造性的思维方式。

结合音乐作品欣赏给学生讲述必要的音乐知识。在音乐欣赏中,特别是在欣赏较大的器乐作品中,为了使学生能够更好地理解作品,应该给学生传授与欣赏作品有关的音乐知识,如音乐常识,声乐、器乐基础知识,常见声乐、器乐作品的体裁、曲式结构等,以提高学生的音乐素质和审美能力。但在传授音乐知识的过程中,一定要注意由浅入深、通俗易懂,不要讲得太深和专业化,以能够帮助学生理解作品为尺度,对于较难弄懂的问题尽量采用知识迁移的办法来使学生理解、掌握,比方说,在讲解曲式结构中的乐句、乐段时,就可以与语文课中的句子、段落划分联系起来,这样学生就不会感到陌生,并且也容易理解和记忆。

2.音乐教育应培养学生的音乐欣赏能力

在音乐审美教育中,培养学生的欣赏能力是至关重要的。要使学生学会分清流行音乐中的良莠,主动学习并热爱高雅音乐,必须提高他们的音乐鉴赏能力,帮助他们树立起正确的音乐审美观。

帮助学生正确对待流行音乐,从审美的角度和生理的角度,让他们知道流行音乐中什么是好的,是适合他们的;什么是不好的,是不适合他们的,甚至是有害于他们身心健康的。帮助学生逐步理解、学习高雅音乐,引导他们体会高雅音乐的艺术价值和教育价值。

在音乐审美教育中,不仅仅是艺术美和形式美,还包含着社会美和自然美,美的这四种形态是糅合在一起的,可以说,没有脱离社会现实而单独存在的艺术美。每个人的审美观是与他的世界观、人生观、价值观有联系的。世界历史上曾经有过"快乐主义"的音乐美学观,该美学观的基础是音乐艺术的心理、生理的刺激性,即片面强调音乐对神经系统和生理过程的刺激作用,否定了音乐的思想内容,把音乐等同于食物、饮料等物质。诚然,在音乐审美教育中,艺术美是为主体的,但我们不能因此而否定社会美、形式美和自然美的存在,特别是社会美对于我们评价一部音乐作品具有一定的影响。在音乐审美教育中,教师有责任帮助学生树立起正确的世界观、人生观和价值观,一方面有利于他们提高自己的审美能力,形成正确的审美观;另一方面这也是音乐教育与思想素质教育协同合作的最佳结合点。

3. 音乐教育应强调艺术性与思想性的完整统一

音乐教育作为素质教育的一个有机组成部分,应突出自身特有的教育价值,即使受教育者在美的熏陶之中陶冶情操、净化心灵,成为道德美好、全面发展的人。匈牙利著名音乐教育家柯达伊说:"音乐教育在普通学校中是如此重要,甚至超过音乐本身,培养音乐的听众就是培养一个社会。"并强调"只有具有内在价值的艺术才适合于儿童,而其他一切都是有害的。为儿童选择食物毕竟要比对成年人更精细。富有'维生素'的音乐材料对于儿童是不可缺少的"。因此,音乐审美教育应强调艺术性与思想性的完整统一。要挑选艺术价值高,思想健康,具有教育意义的音乐作品做教材。在音乐审美教育过程中,应把作品的艺术性与思想性作为一个整体来对待,即对作品的分析、理解应从艺术性和思想性两个方面同时进行。

(三)音乐教育应以学生为主体

素质教育是以学生为主体的教育,这一点在音乐教育中尤为重要,因为在音乐教育中,不管是音乐欣赏,还是音乐表演,对于同一首作品,每一个人在审美和表现美的过程中,都会有一定的差异,或者说,都带有自己的主观性和个性,因而在教学的过程中,教师对作品的分析、讲解,只能起引导和启发学生思维的作用,不能作为标准答案。可以说,在音乐审美和音乐表现的过程中,是没有标准答案的。音乐审美教育的这一特点,使其在发展学生的个性和创造性思维等方面具有其他学科所不能替代的作用,同时也决定了音乐教育必须以学生为主体。此外,以学生为主体的音乐教育还包含另一种意思,那就是要充分调动学生学习的主观能动性,使学习成为一种自觉行为。新《标准》中提出:"以兴趣爱好为动力""注重个性发展""强调音乐实践",这些理念准确地体现了这一思想。

1.音乐教育应尊重学生的情感体验

音乐学习是表现个性、开发思维、注重个人情感体验的过程,由于在欣赏音乐和表现音乐的过程中,每个人都可能有自己的情感体验和情感表达,因此,在教学中教师切不可以权威的身份自居,而应该以民主、平等的态度组织、参与教学过程,要尊重学生的情感体验,允许个性的存在。当学生的感受与教师有差异时,应该让学生充分发表意见,只要学生的思维方向符合音乐审美的基本规律,就应该给予肯定和表扬。即便是学生的审美体验与原作有较大的偏差,也应该在鼓励的基础上,耐心地进行启发、引导,使其熟悉、掌握音乐语言的特点,逐步积累音乐审美的经验,树立起音乐学习的信心。笔者曾在教学生欣赏二胡独奏曲《江河水》时,遇到过这样的情况:乐曲描述了一个家破人亡、走投无路的妇女,面对着滔滔江水失声哭诉的凄凉场景,揭露了旧社会里广大劳苦大众的悲惨生活和不幸遭遇,向剥削阶级进行了血的控诉。作品为带再现的三段体结构,一、三段旋律和力度的起伏较大,节奏沉重,哭泣的音调给人以悲愤、凄凉之感,中间第二段的情绪与前后两段的对比较大。有的学生认为,中间乐段情绪比较平静、松弛,好像是主人公渐渐地想开了。显然,这时学生的情感体验产生了偏差,但我并没有简单做作出评价。首先,我肯定了他对的一面——这段的情绪与前后两段的相比,是比较平静;然后,我分析了中间乐段的旋律、节奏、力度、调式、调性。旋律、节奏比较平稳,采用了"对仗"的句法结构和转调的手法,用弱力度演奏,好像是悲愤之后已筋疲力尽,也好像是在自言自语、自问自答,与第三段衔接的过渡句又出现哭泣的音调;最后,我用逻辑思维的方法分析了人对客观现实的感情规律。经过复听作品后,学生自己纠正了偏差,他说:"这一段好像是主人公在回忆过去,思念自己的亲人,她在自问,我为什么会遭此横祸,但却找不到任何答案,内心无比的痛苦。"我举这个例子是想告诉大家,音乐审美教育,必须让学生自己去进行情感体验,教师只是起导向的作用。

2.音乐教育应激发学生的学习兴趣

兴趣是指个体积极探求某种事物的认识倾向,是影响学生学习的重要心理因素之一。一般来说,如果学生对某件事情感兴趣,就会积极地去探索、了解,掌握起来也很快。因此,如何在音乐审美教育中激发学生的学习兴趣,也是值得研究的。以富有艺术感染力的范唱、范奏来激发学生的学习兴趣。教师的范唱、范奏是学生感知、了解学习内容的主要途径,这一过程能否引起学生的美感,是激发学生学习兴趣的关键所在。因此,教师在备课时,一定要认真分析、理解作品,从技能技巧和音乐表现力两个方面下工夫。以生动活泼的教学形式、教学方法来激发学生的学习兴趣。音乐课应提倡愉快教学,要让学生在愉悦和游戏之中学习知识、接受教育。因此,教学形式和教学方法的运用一定要具有音乐审美的特点,符合学生的心理、生理特征和学习能力,让学生"动"起来,这种动一是指身体的运动,二是指思维的启动。以优美动听的音乐精品来激发学生的学习兴趣。学习对象是激发学生学习兴趣的直接因素,从这个意义上讲,选择教学内容显得尤为重要。因此我们要把具有审美价值和教育价值,并且符合学生审美心理的音乐精品作为音乐教育的内容。

3.音乐教育应鼓励学生积极参与

音乐教育是以情感体验和形象思维作为审美的主要途径,要进入这一途径,学生的参与是先决条件,因为人的情感和思维是人对外界事物的心理反应,是不能用他人的意志和感受来取代的,所以,音乐教育应鼓励学生积极参与。这也是体现音乐教育中以学生为主体的特征之一。鼓励学生积极参与音乐表演活动。在课堂教学中,教师应保证一定的时间让学生学习演唱、演奏,同时,给他们提供单独表演的机会,以提高其音乐理解能力和表现能力。音乐表演活动不仅仅局限在课堂内的演唱、演奏,它还包括课外音乐活动以及社会音乐活动等方面。在音乐表演活动过程中,学生是以积极主动的状态投入情感体验和形象思维,由此获得的美感是真实而深刻的。鼓励学生在音乐欣赏中积极参与。音乐欣赏中的参与包含三种意思:第一是在欣赏中积极地进行感知和联想、想象;第二是在欣赏中用自己的体态动作和身体造型创造性地表现音乐,即所谓的体态律动;第三是欣赏之后表现作品,即学习演唱、演奏所欣赏的作品,或根据音乐的情感、形象编排舞蹈。

(四)音乐教育应培养学生的创新意识

21世纪是一个充满生机但具有激烈竞争性的时代,这个时代以信息传播为特征,以创造性决定成败。因此,在这场竞争中,谁能最快地获得信息和利用信息,谁最具有创造精神和创造力,谁就能赢得胜利、获得成功。由此可见,创造精神和创新能力的培养在新世纪的教育目标中,显得尤为重要,无论哪一个学科的教育都应以此作为一个原则或基本点。也许大家都知道音乐教育是为了培养学生具有鉴赏美、表现美和创造美的能力,殊不知,在这一过程中,本身就蕴含着创新思维和创新能力的培养,这是由音乐所具有的抽象性和可塑性所决定的。在音乐教育中,不管是欣赏音乐还是表现音乐,每个人都可以根据自己的文化素养、生活经历和审美经验,对作品进行不同的理解和情感体验,这一心理过程包含着联想、想象,包含着发散性思维和集中性思维,这些都是创造之母、创新之源。可以这么说,创造性思维是理解音乐、表现音乐、创造音乐的重要载体,音乐教育如果离开了它,将失去艺术的魅力和灵魂。令人遗憾的是,许多音乐教师没有意识到音乐教育的这种特殊性和潜在功能。他们把音乐教育变成了一种知识灌输和技能模仿的过程,不但没有使学生真正感受到音乐的美,而且压抑了学生的创造欲和表现欲,这不能不引起我们的高度重视。在新的世纪里,我们要善于引导学生创造性地学习音乐,这既是音乐审美的重要途径,也是培养学生创新意识、创造能力的特殊有效方式。在教学过程中,要激发学生积极主动地思考,大胆提出自己的不同见解,创造条件让他们表现自我,体现个性,让他们在游戏之中,在愉悦之中尽情发挥自己的想象力和创造力。

1.引导学生创造性地理解音乐

众所周知,音乐是三度创作的艺术,一度创作是由作曲家来完成;二度创作是由表演家来完成;而三度创作则靠欣赏者来实现。所以,学生在欣赏音乐的时候,实际上是在进行三度创作,这意味着音乐欣赏过程不是被动地去体验作者所要表达的感情,也不是被动地去接受某人对于作品的诠释,而是一种创造性的审美行为,它可以根据自己的审美经验、生活经历,以及自己的心理特点、思维习惯来理解作品。当然,这一过程必须遵循一定的审美原则和规律,这就需要教师正确的引导。在音乐教育中,指导学生理解音乐可以从四个方面进行:第一是根据音乐语言的一般规律,结合自己的审美经验和情感体验;第二是根据作曲家的创作意图和作品的标题(指标题音乐),如作曲家为作品所写的创作提纲或文字说明,乐谱上的表情术语,力度、速度的标记,等等;第三是根据歌曲的歌词内容和意境;第四是根据作者的创作个性和作品所处的时代背景。

2.引导学生创造性地表现音乐

学生在演唱、演奏音乐作品的过程中,实际上是在进行二度创作。由于音乐具有很大的可塑性,他们可以根据自己的审美经验和审美习惯对作品进行理解和体验,并创造性地再现原作的艺术美,赋予原作以新的神韵和意境。例如:在唱歌课、器乐课的教学中,我们要抓住"作品的艺术处理"这一环节,来引导学生创造性地表现音乐。比方说,当学生学会了演唱(奏)一首作品之后,应从音乐形象、情感体验等方面启发学生来理解音乐,在此基础上,进一步引导他们就作品的演唱(奏)形式,表演中速度、力度、表情的设计,高潮的处理,伴奏的安排等问题,进行充分地讨论,以培养他们的想象力和创造性思维。

3.激发学生的表现欲望和创作欲望

新《标准》中提出"鼓励音乐创造",一个人的创新意识往往是建立在强烈的表现欲望和创作欲望之上的,因此,在中学音乐教学中,教师要通过各种各样的教学形式和教学方法来激发学生的这种欲望。例如:为曲谱填词;根据不同情绪的需要,为指定的音符配置各种节奏;用所给的音符和节奏表达各种各样的情绪;为童谣谱曲,等等。通过这些"表现与创作"的形式引发他们的创作欲望,激发他们的创新意识和创新精神。

(五)音乐教育应培养学生的情商

世界卫生组织对人的健康做了这样的界定:"健康不仅是指没有疾病或不正常的现象存在,进而还指每个人在生理方面、心理方面以及社会行为方面能保持最佳、最高的状况。"由此可见,身心健康状况平衡、情感理智和谐是一个健康人所必须具备的条件,心理是否健康是衡量一个人是否健康的标准之一。情绪智力作为一种理论的提出以及检验开始于20世纪90年代,是美国心理学家彼得·塞洛维和梅耶在吸收认知心理学、情绪心理学以及教育学研究成果的基础上提出的一种理论,又由美国哈佛大学的丹尼·戈尔曼发展成情绪智商理论,即情商(EQ)理论。所谓的情商是指一个人感受、理解、控制、运用和表达自己及他人情感的能力。情商不是一种抽象的理论,也不仅仅是一种品质。它包括:认识自身情绪的能力,妥善管理、控制情绪的能力,自我激励的能力,认知和理解他人的能力,妥善处理人际关系的能力。而近几年,科学家的研究发现,一个孩子在成长的道路上,最终能否成为一个有成就的人,并不完全取决于智商,情商往往起着非常重要的作用。现代教育心理学家认为,一个人的事业成功,20%取决于智商,而80%取决于非智力因素——情商。在教育中培养及提高学生的情商不仅能帮助学生提高心理素质,拥有健康人生,走向成功;更重要的是它能推动素质教育的实施,并能循序渐进地提高整个社会、整个民族的心理素质,进而推动社会民主的进步,进一步推动整个社会的精神文明。

一切艺术都毫无例外地有影响情感的作用,其中音乐的影响更快、更强烈、更直接。所以说,音乐教育实际上是一种情感教育,是帮助学生发现美、感受美、创造美的重要手段。在音乐教育中重视学生的情商培养，是音乐教育适应教育"以人为本"，满足学生获得自我发展和自我完善的要求的具体体现；是服务于学生未来生存与发展的要求的需要；是在教育中体现学生素质"发展型"特征的需要；是在教育中尊重学生素质的"整体效应性"的需要；也是在教育中尊重学生素质"差异性"特征的需要。总之，在音乐教育中注重学生情商的培养，是体现素质教育不可缺少的内容，是对长期重视智育培养的一种挑战。

1.在音乐学习中获得心理感知能力

每一部作品都是作曲家反映人类丰富思想情感的极美的乐章，是作曲家对一切美好事物充满热爱并将这种情感转化成旋律的产物。音乐具有感染力不仅因为音乐作品是创作者、表演者心灵的折射、感情的汇合，而且也因为欣赏者将音乐所唤起的感情作为自己的感情来体验，将属于自己的心理生活的那种感情投入到音乐作品所表现的感情世界之中，与之相互交流、形成同构的原因。苏珊·朗杰在《一把新钥匙中的哲学》一书中说："由于人的感觉形式同音乐形式的吻合要优于同语言形式的吻合，所以，音乐可以用言语无法达到的详尽和真实来揭示感觉的本质。"可见，音乐教育可以通过培养学生对音乐要素内在表现力的反应，或培养学生运用音乐要素来表现主体意识，从而进行人的感觉教育。在音乐教育中不仅可以培养学生的自我认知能力，还能培养学生正确认知和理解他人的能力。

在音乐欣赏教学中，通过体验各种音乐作品的情感，培养学生的感受能力，帮助他们学会体验、理解他人的感情，学会正确判断他人的感情。同时，通过体验乐曲并分析比较与作者原创意图的异同，或感知是否与自我情绪相匹配等方式来提高学生的自我认知能力。并将在音乐学习中的各种情绪体验，逐渐内化为学生的情感和行为，扩展到他们的学习生活中，以达到丰富情感，提高情绪表达能力的目的。

在音乐创作、音乐表演活动中激发学生的表现欲望，培养表现能力，抓住学生的兴奋点，引导他们将自己的感情淋漓尽致地表达出来，并通过适当的记录方式(如录音、摄像、记谱等)再次回放，在回放过程中再次分析、感受自己的行为及情绪,达到认识自我的目的。

在音乐评价中,让学生通过自评、互评、他评的方式,更真实、更准确、更科学、更完善地认识自我,在培养学生的逻辑思维能力、分析判断能力等能力的同时,提高学生的自我内省智能。

2.在音乐学习中获得自我调控能力

中国古代就有五音、五声医疗之法,琴箫养生之道。《史记·乐书》中说:"乐者,所以动荡血脉,通流精神,而和正心也。"《乐记》也说:"故乐行而伦清,耳目聪明,血气和平。"当今流行一种"音乐保健疗法",简称"音乐疗法",或"音乐养生",其意义都是说明音乐能作用于人类的思维,影响人们的情绪变化而达到健身治病的效果。"节奏缓慢、悲哀的音乐,使人和人之间的接触活动减少,对话中常常带有怨气和敌意。相反,节奏鲜明、流畅快乐的乐曲,使人们之间友好交谈。"不难得知,音乐对人的精神、情绪有着极大的影响。心理学家也发现,和谐的音乐能疏导人们的心理,使大脑神经系统运动平衡,使意识得到调和,而生理的、心理的调整与放松有助于潜在智慧的发挥。音乐的美是一种潜移默化的美,音乐可以通过各种要素,如音色、节奏、旋律等,造成一种"情绪或感情的印象"。人们可以通过"印象"来了解自我,并产生"感动效应",达到"音乐疗法"的功效。在美国、日本等国已有利用音乐疗法来舒缓紧张情绪、放松身心并取得了良好效果的实例。

音乐教育应该利用其得天独厚的优势,帮助学生学会选择适合自己情绪的音乐,掌握在音乐中正确调整情绪的方法,以达到改善情绪、净化情感、调和意识等作用。例如:帮助学生选择轻松愉快的音乐,以达到消除疲劳、自我放松的目的;选择曲调明朗、缓慢、悠扬的乐曲,在倾听音乐的同时,合着乐曲旋律,想象自己最希望做的事情以及希望自己成为理想人物的形象,以寻找和发现自我理想;选择高昂、让人兴奋、具有透明感的音乐暗示自己将成为一个有成就的人,或暗示自己的潜力必定能得到发挥等方式来排除潜在意识中的否定、破坏意识流等。

3.在音乐学习中获得交往能力

在音乐学习中不仅可以培养学生的音乐能力,而且可以培养学生其他方面的能力,例如,自我内省能力、人际交往能力等。所以,在音乐教育中应有意识地引导学生在音乐学习、交流及合作中,体验人际关系,培养处事能力,让学生学会创建和谐、良好的学习、生活环境,并学会在这种氛围中获得角色和地位,学会理解、学会关心、学会协调各类关系。

在合唱、合奏训练中获得交往能力。匈牙利音乐教育家柯达伊说:"有什么东西比合唱队更能表现社会的团结吗?"合唱艺术是合作的和声艺术,强调个人的声音应与整体的声音融为一体,合唱、合奏的关键就是团结协作,整齐划一。所以在合唱、合奏中,可以通过学生(演奏者、演唱者)与指挥、学生(演奏者、演唱者)与队友之间心与心的交流,及乐曲和谐统一的过程来培养学生的合作精神、协调能力,并学会与队友以音乐的方式进行情感交流。

在集体创作中体验人际关系。在音乐教学中可开展优势互补的集体创作活动,创作要体现合作性和民主化,引导学生发挥自己的优势参与到形式多样的艺术活动中,相互学习、取长补短。例如,在集体音乐剧创作中,有的同学可进行剧本创意,有的同学可负责动作设计,语言能力强的同学可进行配乐朗诵的表演……这样不仅充分利用了课程资源,发挥了学生的特长,增强了学生的自信心,调动了同学的积极性,并且教会学生处理好个人与集体的关系,共同承担集体义务,正确对待集体的问题;并使学生潜移默化地在合作中学会协调各种人际关系,以达到愉快合作的目的。

在互评的过程中获得处世能力。让学生在音乐评价中学会尊重他人,并在实事求是的基础上,学会处理不同意见,处理各种矛盾,创建民主平等的人际关系,创设积极和谐的学习环境,促进学生相互激励、共同发展。

音乐教育是表达情感的艺术,对人心理的调和有着密切的关系与直接的影响。随着未来社会的多元与融合度的日益提高,较高的情商将有助于每个人获得成功。所以每个音乐老师应该利用音乐对情商培养得天独厚的优势,在音乐教学的过程中促进学生情商的提高,并引导学生学会怎样有意识地培养自己的情商、调和自己的心境,为学生的长远发展奠定坚实的基础。

(六)音乐教育应体现"减负"的精神

素质教育的一个任务之一就是要减轻学生的文化学习负担,那么,作为音乐教育这门学科来讲,有没有"减负"的问题呢?回答应该是肯定的。音乐教育的"减负"不仅体现在学校音乐教育方面,而且体现在社会音乐教育和家庭音乐教育方面。

1.学校音乐教育"减负"的重点在"双基"

所谓学校音乐教育中的"双基"就是指音乐基础知识和音乐基本技能,以往的中学音乐教学大纲中(新世纪中学音乐教学大纲颁发之前)主要包括:识谱知识、视唱听音、乐理知识、唱歌和器乐演奏。这种内容的安排,实际上是受了专业音乐教育模式的影响,不符合中学音乐教育的规律和特点,使中学音乐教育受到了一定的影响。为了解决这一问题,新世纪中学音乐教学大纲对此进行了调整,即减去了视唱听音部分,保留了识谱教学,并降低了识谱教学的要求和难度。此外,唱歌教学也相应地降低了难度,例如,不再提"学习有气息支持的高位置的发声"等专业性强的要求,这样做可以减少一些不必要的枯燥乏味的音乐理论,让学生在一种轻松愉快的状态下学习、体验和表现音乐。同时,可以让学生有相对多一点的时间来练习识谱,把识谱知识与识谱技能、唱歌教学、欣赏教学结合起来,处理好"双基"教学与情感教育的关系,较好地发挥"双基"教学在情感教育中的工具作用。总之,音乐知识技能的学习应以音乐审美为核心,是为了让学生更好地体验音乐、表现音乐、创造音乐。

2.社会音乐教育、家庭音乐教育应全面"减负"

近十余年来,随着人民生活水平的日益提高,社会音乐教育和家庭音乐教育发展非常迅速。它们为推动我国学校音乐教育的教学改革,丰富人民的文化生活,培养音乐人才和音乐爱好者,起到了积极的作用。但是,由于对音乐教育的性质、意义认识不足,以及其他方面的一些客观原因,在这两种形式的音乐教育活动中,也出现了一些遗憾,甚至是令人痛心的事情。为引起社会、家长与家庭音乐教师的重视和反思,特列举若干典型事例与现象:有的学生在学琴的过程中,由于经常受到父母和教师的责骂和体罚,导致用刀砍琴和砍自己手指的悲剧;有的学生由于完成不了教师布置的作业,或每次达不到教师"专业化"的要求,而感到悲观、自馁;不少学生认为学琴是一种包袱,是为了满足父母的愿望,因而与父母的关系不和,家庭气氛紧张;相当部分的学生虽然掌握了一些演奏技术,但他们并不懂音乐,更不会去表现音乐、创造音乐,他们在演奏作品的时候,只是一味地去模仿老师的动作和方法,没有情感体验和形象思维,更没有联想和想象;很多学生为了拿到考级证书,学习的内容就是每年规定的几首练习曲和乐曲……这种违反音乐教育规律的教学,不仅使学生感到学琴吃力、乏味,而且歪曲了器乐考级的意义和目的。在器乐考级中,盲目拔高的现象更是屡见不鲜,比方说,学生的演奏水平本来只能考四级,但家长却要求他考五级,甚至考六级,这种拔苗助长的做法无形之中损害了学生的自信心和学习兴趣。

社会音乐教育、家庭音乐教育的全面减负应包括:适当降低技能技巧的训练程度和难度,注重对音乐的情感体验和富有个性和创新意识的音乐表现,使音乐学习充满乐趣和生机;改革现有的、与专业音乐教育相仿的教学模式,摸索出一套适合于业余音乐教育的教学体系,包括学习教材、考级教材、考级要求、教学形式、教学方法等;按照由浅入深、由易到难、循序渐进的原则进行教学,杜绝音乐考级中的盲目拔高现象。社会音乐教育和家庭音乐教育本是学校音乐教育的有益补充,切不可对之有负面影响。"减负"双管齐下,才能让学生学习音乐的过程变得轻松、愉快。

第二节　中国音乐教育发展过程、现状及存在的问题

一、中国音乐教育发展过程

(一)音乐教育的起源

教育,作为一种人类特有的社会文化形态有广义、狭义之分,音乐教

育亦然。广义的音乐教育自人类音乐诞生之日起就已产生。从"昔葛天氏之乐,三人操牛尾,投足以歌八阕"的历史传说看,我们可以想象到,葛天氏之民手操牛尾,踏着脚步,合着节拍,载歌载舞的情景。儿童或成人在观看或参加这类歌舞表演时,自然或不自然地接受了音乐教育及文化知识教育。《尚书·舜典》上说:"夔!命汝典乐,教胄子。"《史记·五帝本纪》记载:"以夔为典乐,教胄子。"夔是尧舜时期著名的音乐家和乐师,他的任务是利用雍正、平和的乐舞,教育王公贵族的子弟,使他们具有高尚的道德情操和健美的心灵,以使"天下大服",神人咸和。上述历史传说,足以说明了早在原始社会时期已有专事音乐教育的现象。音乐教育已成为上层建筑领域中必不可少的手段之一。正像教育史学家毛礼锐先生所论述的那样,当时的乐教任务有两项:一是培育显贵后裔的德行,教他们"直而温,宽而栗,刚而毋虐,简而毋傲"等等,并使他们掌握举行宗教活动的乐舞技能;二是调和部落联盟内部的矛盾,增强团结,即所谓"八音能谐,毋相夺伦"的"和谐"教育任务,其目的是为维护逐渐集权化的联盟内部的人伦关系。我国"礼"、"乐"并举的教育观,至迟在这一时期已经产生。上述现象表明,我国音乐教育的起源是诸类教育起源中的最早形式之一;我国的乐教传统由来已久。狭义的音乐教育是指学校音乐教育。

据现存文字资料和出土文物方面看:五帝时期歌、舞、乐的形式均已出现。相传:昔葛天氏之民有《八阕》之歌,太昊之时作《立基》之曲,黄帝之时作《咸池》之乐,《云门》之舞,少昊之时作《九渊》之曲,颛顼之时作《承云》之曲,帝喾之时作《六英》之乐,帝舜之时有《箫韶》等大型歌舞。乐器方面已有不同类型的打击乐器和吹奏乐器。例如:鼓、土鼓、磬、钟、苓、管、苇、埙、笙等,这些乐器已得到出土文物的证实。宋北麟先生在他著作的《中国原始社会史》一书中指出过,这一时期的音乐生活兴旺发达,丰富多彩。"人们不仅能依景物变化,即兴作词,配之以曲,而且还有乐器伴奏,使其两相成趣,组合成悦耳动听的原始音乐。"

原始社会后期,学校教育的萌芽已经产生。《周礼》《礼记》中都曾提到过我国已知资料中最早的学校——"成均"之学。郑玄早在《周礼》、

《礼记》的注释中就明确指出过:"均,调也。乐师主调其音。"由此,郑玄推论出"成均"之学是以实施音乐教育内容为主的学校。著名教育史学家毛礼锐先生认为:"'成均'的乐教传统,流传后世,成为古代教育的借鉴,以致西周大司乐所掌仍为'成均之法',以乐教贵胄子弟"。"成均"之学对中国古代教育的发展产生了重要影响,开辟了我国古代学校音乐教育的先河。

(二)古代音乐教育

夏、商、周上古三代,是学校教育逐步定型发展的历史时期。夏朝的出现,标志着我国奴隶制社会的开始。据史料看,继"成均"之学后,还有名为"校""序""瞽宗""庠"之类的教育场所也已出现,《孟子·滕文公上》中说:"庠者,养也。"《说文》解释:"庠"从广羊声。即"庠"字由"广"与"羊"两字组成;"广"即居住的地方,"羊"为食物之意,是为敬养氏族长老专门设立的一种"养老院"。由于享受这种待遇的人多为经验丰富、学识广博的老人,后来就逐渐演变为专门教育青年一代的场所。主要教育内容有:狩猎、军训、忠孝及乐教等方面。很明显,"庠"的乐教内容是对"成均"之乐教的沿袭,乐教已成为具有初步独立形态的教育类型之一。但乐教的概念并非是音乐教育的专称,它还包含着诗歌、舞蹈等方面的教育内容,甚至把绘画(写字)、纺织、天文也归并到"乐"的范畴之中。在这一点上,中西教育发展的规律是一脉相承的。"古代希腊、曾把音乐和体育相提并论,认为体育培养人的身体,音乐培养人的心灵,因此,凡是与培养人的心灵有关的学问,如文学、艺术、数学、天文学等,他们都归到音乐的范围之内。

到了公元前十七世纪左右,商汤灭夏,成为我国历史上第二个奴隶制国家。在长达六百余年代的商代,我国奴隶制社会在各个方面都得到了长足的发展。与夏朝相比在教育内容上大不相同,一些场所已成为专门传授礼乐的教学场所。这标志着我国奴隶制教育思想和教育观念的一大转变。"学"字自商代开始出现。《明堂位》记载:商学,分为"右学"和"左学"两类,这说明教育类型已有向"多元化"发展的趋势。文字的出现、语言能力的提高,为具有真正"学校"含义的"学"和"瞽宗"的定型发展,提供了必备的基础,起到了"催生"作用。商代甲骨卜辞中已出现了学字的多种写法,从最简单的学字演变到复杂的学字,从这个过程中我们可以看出学字包含着三个方面的意思,即教学内容、教学活动和教学场所,这是"学校"构成的三大支柱。文字的演变与进化,是我国文明进程的历史印迹,也反映出我国学校结构不断完善的基本历史脉络。

《江陵项氏松滋市学记》中有这样的记载:"殷人,以乐造士,故其学为瞽宗";"以乐造士",是商代学校教育的重要内容和手段。"殷人尊神"是商代的主要教育思想,而"尊神"则又必须通过唱歌、跳舞、鼓乐等各种仪式来实现。乐教受到统治者的重视是十分自然的事情。商代统治者虽利用乐教作为加强其神权统治的工具,但却加速了乐教自身发展的进程,促使乐教向更深领域中逐步渗透。

西周,是我国奴隶制社会的全盛时期,出现了较为严密的学位网络,教育类型的分化发展日趋明显。"周代统治者的利用音乐,比前代更进一步。除了利用音乐以加强其统治以外,他们又利用音乐来宣传阶级社会中等级制度的合法性;他们设立了专门的音乐机构来控制音乐活动;他们在'国学'中教音乐,培养青年,使他们能根据统治阶级的意图,利用音乐巩固周王朝的统治权。"这说明周代统治者充分认识到了音乐的教化职能,试图通过乐教的手段来达到"治国安民"的政治目的,这里也有着积极的一面。周代统治者视乐教为"国教",把乐教的位置提高到前所未有的地步。周代音乐教育兴旺发达的原因,除统治者十分重视以外,它还与当时的社会安定、经济繁荣、文化科技的进步、社会意识形态及审美观念的变革等方面有着直接关系;它们存有相吻合、相适应、同步协调发展的必要条件;有着生存滋长的社会土壤和基础,以致西周音乐教育成为我国古代音乐教育史上辉煌的一页。

西周学校中的音乐师资结构是相当完备的。再从周代的音乐教育性质来看,周代的音乐教育机构可概分为两类:一类是职业音乐教育;一类是学校音乐教育。两者都属于乐官之长"大司乐"的领导。据《隋书·音乐志》说,职业音乐教育机构是十分庞大的,除了"旄人"(旄人,周代官名,掌教乐舞)所属民间乐舞的人数无法计算外,有明确定额的多达1463

人。"这个机构的职务,包含音乐行政、音乐教育和音乐表演三方面。光就音乐教育来看,也可以说,它是世界上最早的音乐学校。"再从学制、专业、学龄及学习内容等方面来看,学校都有严明规定:"十有三年,学乐、诵诗、舞《勺》;成童(十五岁),舞《象》,学射御;二十而冠,始学礼。""以乐德教国子,中和、祗庸、孝友;以乐语教国子,兴道、讽诵、言语;以乐舞教国子。"

春秋战国时代是社会剧变的时代,是奴隶制向封建制的过渡时代,也是名人辈出,文化思想活跃、教育体制大改革的时代。伟大的思想家、教育家孔子就诞生在这一时代。"孔子是教育家,也是音乐家。"孔子自幼喜爱音乐,唱歌、弹琴、鼓瑟样样皆通,尤长音乐评论,具有全面的音乐、文学修养。他系统地掌握了音乐的艺术特征,充分地发挥了音乐艺术的教化职能,开创了我国历史上私办音乐教育的先河。为促进文化下移,打破学在官府的教育模式,形成诸子百家、各抒己见的学术空气起到了重要作用。孔子在制定培养弟子的教学计划里,把"六艺"即礼、乐、射、御、书、数六门课程,作为每一位弟子的必修课目,把乐置于第二位,可见他对乐教的重视。他在实施乐教的同时,也兼顾着德、育、体等方面的教育内容。孔子认为:"人而不仁,如礼何?人而不仁,如乐何?""乐极和,礼极顺。""兴于诗;立于礼;成于乐。""乐所以修内,礼所以修外。""安上治民,莫善于礼;移风易俗,莫善于乐。"孔子"礼乐并重"的教育观,形成了儒家教育思想的核心学说与道德规范,对于我国音乐教育事业的发展产生了深远影响。

孔子注意到了音乐教育的审美功能。他闻"韶"乐后,竟喜欢得"三月不知肉味",提出"韶"乐尽美尽善的文艺批评标准。这说明孔子具有很高的审美情趣。这种修养与情操必然影响他的音乐教育活动,影响他的"三千弟子",影响我国古代音乐教育思想的形成与发展。孔子还在整理挖掘我国古代音乐文献方面有着突出贡献,他编订的"三百零五篇,皆弦歌之"的《诗经》,成为最能代表中国古代文化的巨著之一,也是我国历史上第一本音乐教科书。孔子对音乐与政治,音乐的内容与形式,音乐的社会功能等方面均有精辟论述,为我国音乐学学科发展奠定了理论基础。

　　孟子是儒家学派的代表人物之一,是孔子思想的继承者。他提出了"与民同乐"的政治主张和音乐美学思想,这种音乐思想与孔子"谓季氏八佾舞于庭,是可忍也,孰不可忍也"的音乐观相比,进了一大步。荀子的音乐思想与孔、孟有许多不同。他首先从人性本体论出发,对人性结构进行了较为全面的分析。他反对孟子的"人之初,性本善"的观点,提出"人之初,性本恶"的主张;认为必须采用正确的教育手段,把人改变成善的和美的;欲达目的,音乐教育是必不可少的教育内容。他提出:"夫乐者,乐也,人情之所必不免也。故人不能无乐。乐则必发于声音,形于动静;而人之道,声音动静性术之变尽是矣。故人不能不乐。乐则不能无形,形而不为道;则不能无乱。"他认为听音乐是人生的快乐,是人天性的要求;人不能没有音乐;所以用"礼乐"来教育人民是符合自然规律的。正因如此,音乐教育才能达到"化恶为善"的目的。使恶的人性变为善的人性,从而纳入社会的群体规范,否则社会就会混乱不堪。墨子反对儒家思想,他针对儒家"礼乐"思想提出"非乐"主张。他提出"兼相爱,交相利"的社会思想。他认为:百姓在食不饱腹、衣不裹体的情况下,没有审美要求,也不具备接受审美教育的条件;认为儒家倡导的审美教育主张,没有实用价值,是"虚伪"的。它只为社会带来消极因素,加重人民经济负担,使君王贵族只顾享乐,不理国事,这样国不能强,民不能富。墨子将审美教育与社会经济发展、人民生活对立起来,提出"非乐"主张,这虽然只是一种不合实际的片面观点,但在当时的社会背景下能提出这样的主张,还是难能可贵的。

　　先秦时期诸子百家,学术空气非常活跃。除上述之外,老子、庄子等人都从不同的角度提出过自己的美学思想和音乐教育主张。他们对中国古代音乐美学及美育的发展起到了重要作用。先秦时期的审美教育思想是我古代音乐教育思想的源头。儒、墨、道三家就音乐审美和音乐的社会功能等问题展开了激烈的论战。但就整体而言,墨、道两家的音乐思想由于脱离现实,与社会发展的政治需求和文化意识脱节,在整个古代社会中没有像儒家那样兴盛发展,它的影响也无法与儒家音乐思想相比。

儒家把音乐及音乐教育紧密地与社会现实联系起来，在实施音乐教育的同时不但充分发挥音乐教育的社会功能，也注意到音乐艺术的审美特征。儒家的音乐教育思想为统治者巩固其统治地位提供了理论依据。这正是中国古代音乐教育得以发展的重要社会原因之一。

从汉乐府的兴衰历史中，我们可以清楚地看出当时的音乐教育现象。乐府的主要任务是演出、创作、搜集民歌和训练乐工等。因此，乐府具有表演、创作、教育、体察民情、保存史料等多功能综合性官府附属机构，也是西汉最重要的音乐教育、研究机构。以西汉乐府的领导人、杰出的音乐家李延年为代表的千人之多的乐师、乐工，对促进我国古代音乐文化下移及推进音乐教育事业的发展，做出了突出的贡献。

魏晋南北朝时期是我国历史上一个大动荡时代。封建的割据战争威胁着人民，诸国的频繁兴衰导致了大量少数民族的内迁，北方人民的南移。反而正是由于这一原因，汉族的文化同西方、南方及东北各邻邦的文化得以广泛交流，又从交流的过程中走向融合阶级，使汉族文化有了新的生命力，也同时加速了其他兄弟民族文化的汉化过程。音乐教育的内容及形式亦发生了相应的变化。这一时期，由于玄学之风的影响及道教、佛教的广为流传，儒家经学退居次要地位。无论是时兴时废的官学，还是兴旺发达的私学，在教育内容上都是很少涉及音乐方面。但音乐教育却另辟蹊径，在宗教领域中找到了自己生存、发展的道路，并发挥着重要的教育职能。宗教音乐机构为这一时期造就了一大批训练有素的音乐人才，他们在教学方法、教学原则及教学内容的改革等方面，都有许多可贵的见解并积累了丰富的教学经验。特别需要指出的是魏晋南北朝时期，我国已开始同印度、朝鲜、日本等邻邦的国际性音乐教育交流活动，是这一时期教育领域中一个十分重要的特点之一，也是音乐教育事业的一大进步。魏晋南北朝时期的教育及开放性教育思想，为隋唐音乐教育事业的高度兴盛，奠定了必备的人才基础，提供了广阔发展的社会条件。

隋朝灭亡后，给予新兴的唐朝以深刻启示。唐太宗深深地悟出"水能载舟,亦能覆舟"、"为君之道,必须先存百姓"的真理。于是采取了一系列的改良政策,发展生产,缓和阶级矛盾,重视教育事业,使唐帝国百废俱兴,成为两汉以后最大的朝代。盛唐步入了我国封建文化发展史的顶峰。音乐教育事业如同其他领域一样发展迅速,并取得了一系列成就,遥遥走在了世界各国的前列。唐首都长安成为音乐中的"维也纳"之城,世界文化、教育交流的中心。

  唐代的音乐教育机构自成体系,主要有:太乐署、教坊、梨园与"小部音声"。太乐署如同司天台、太仆寺一样,本属行政管理机关,但结合本部门的业务情况,也设有博士和助教,并招收学员,学生一边工作,一边读书;一面学习,一面演出。可见,唐代的音乐教育带有一定的职业教育特点,这是唐代音乐教育的重要特征。太乐署是太常寺下属的音乐教育、表演机构,内设若干乐师执教,主要担任乐工、乐伎的训练和考试,并组织他(她)们参加各种不同场合的演出。高级乐官也兼管对普通乐师的考核,考试制度非常严明,"功多者为上第,功少者为中第,不勤者为下第",这种考试每年要进行一次。乐师任教年满十年,还要经过一次大的考试,由高级乐官根据情况指定具体考试内容。考中的提职加薪,落榜者降职减薪或改学其他或开除职务。对于学生也是如此,他们在十五年里有"五上考、七中考",考试及格者方能授予散官,否则就得不到官职。"得难曲五十以上任供奉"者为业成。习难色大部伎三年而成,次部二年而成,易色小部伎一年而成,皆入等第三为业成。业成,行修谨者,为助教;博士缺,以次补之。长上及别教未得十曲,给资三之一;不成者隶鼓吹署。习大小横吹,难色四番而成,易色三番而成;不成者,博士有谪。从这段文字记载中可以清楚地看到:唐代太乐署的学制、考核制度、奖罚标准、教学内容的难易程度等方面,都有严明的规章制度。这种专业化、体系化的音乐教育机构可与当今的音乐学院相媲美。

  教坊,一般指管理教习音乐、领导教习人员的机构。教坊的教学任务十分繁重,教学内容丰富多彩,有歌、舞、器乐及散乐等,除此之外,教坊还担任着各种不同的演出任务,使学生所学的技能及时地付诸实践。学生来源不等,有贫家民女,也有富家子弟。他们通过学习之后,进行业务考核,根据成绩优劣进行等级分类。教坊的教学管理制度与太乐署是没有多少差别的。

梨园,有内廷梨园和宫外梨园之分,都是培养、选拔音乐人才的教育机构。内廷梨园是唐玄宗亲自执教的地方,主要教学内容是传习"法曲"。"玄宗既知音律,又酷爱法曲,选坐部伎子弟三百,教于梨园,声有误者,帝必觉而正之,号皇帝梨园弟子"。梨园造就了一大批具有较高水平的音乐家,如李龟年、雷海青、永新(女)等,他(她)们对唐代音乐事业的发展做出了突出贡献。小部音声,是梨园法部特设的一个音乐"少幼班",是在唐玄宗亲自倡导与关照下设立的。"小部者,梨园法部所置,凡三十人,皆十五以下。"设立"少幼班"的目的,是为唐乐的稳步发展和统治者的需要,提供源源不断的人才基础,并与其他音乐教育机构组成一个较为完整的音乐教育体系。在当时这种对于儿童进行早期启蒙性音乐教育的尝试,在世界教育史上也是十分少见的。

宋元时期的音乐教育与唐代相比,没有突破性的发展,基本上是唐代教育体制的沿袭。如教坊、太乐署、鼓吹署等音乐教育、表演机构,都被宋继承下来[1]。但科学技术的进步、音乐书谱的刊行、乐律理论的完善和乐器制造水平的提高,却为音乐教育事业向着科学化方向发展起到了推动作用。

随着我国封建社会末期的到来,明清两代在文化与教育制度上渐已暴露出越来越多的弊端,曾一度出现了停滞不前的局面。音乐教育也不例外。与唐宋相比呈明显下降趋势,学校音乐教育的地位受到排挤,教学内容得以削弱,音乐事业的发展受到统治者的严厉限制。在音乐思想方面也没有明显发展,虽然当时有一些学者和教育家提出过自己的审美教育主张和见解,但就整体而言,没有超出先秦儒家音乐教育思想的范畴。

我国古代音乐教育是以培养上层贵族子弟或宫廷乐手、舞手为主要对象的。从教学形式、教学内容等各方面看,均不同于近现代音乐教育。我国的普通学校音乐教育始于上世纪初。

---

[1] 杨艳莉. 高中音乐鉴赏中融入多元文化的作用探析[J]. 新课程(下),2019,(09):41.

(三)近现代音乐教育

按照中国近现代音乐史的划分,中国近现代音乐教育划分为两个时期。1840年至1919年为近代,即中国旧民主主义革命时期;1919年至1949年为现代,即中国新民主主义革命时期。旧民主主义革命时期,尽管"洋务运动""维新运动"等政治经济革新以失败告终,但有力地促进了新文化的发展。在教育上的重大突破是:兴办学堂教育,废除科举制度,调整教育结构,更新教学内容。"学堂乐歌"的出现,成为中国近现代音乐教育的重要标志,音乐课正式列入国家教育计划。

普通学校教育的对象是人民大众,它是以提高全民族的文化素养、培养高尚的道德品质、审美情操为宗旨的。学堂乐歌的出现,是普通学校音乐教育发展的开端,以学堂乐歌为中心的普通学校音乐教育,对树立新的社会风尚、改造国民品质,增强国民的爱国思想起到了积极作用。乐歌的演唱与流传成了一时风尚,也为我国造就了一批优秀的音乐教育家。

初期的学堂乐歌主要采取旧曲填词的方法,通过乐歌课的集体歌唱,向学生传授西欧的乐理知识,对学生进行富国强兵的爱国主义思想教育。1912年民国初建,许多归国的留学生,对乐歌活动的开展起了积极的促进作用。

我国杰出的民主主义革命家、思想家和教育家蔡元培先生所提出的"以美育代宗教"的号召和"为人生的艺术"的口号,成为当时多数音乐家、音乐教育家进行音乐实践活动的出发点。蔡元培先生先后提出了"五育并重""以美育代宗教""美育救国"等创见。他认为"人生不外乎意志,人与人之互相关系,莫大乎行为。故教育之目的,在于使人人有适当行为。"关于"以美育代宗教"之说,他认为"美育是自由的,而宗教是有界的"。社会的进步必先改变人们的思想与精神,而思想与精神的改变首先要冲破宗教势力的羁绊,这是社会向前发展的先决条件,也是当时社会亟待变革的根本问题。蔡元培先生的审美思想影响是深远的。从此,美育在学校教育中受到了前所未有的重视。

1935年以后,随着抗日救亡运动日益高涨,学校成为抗日救亡的重要宣传阵地,广大的中小学音乐教师通过音乐课,向学生传唱了大量优秀的抗日救亡歌曲。其中,聂耳、洗星海、任光、张曙、麦新等人的作品适应革命斗争的需要,反映了当时广大群众坚决要求抗击帝国主义侵略的爱国激情,成为学校音乐教育的重要内容,有力地配合了政治形势的需要,完成了具有历史使命的宣传鼓动和激发斗志的任务。

抗日战争爆发后,在根据地为了配合政治形势的需要,在毛泽东、周恩来等同志的倡议下,1937年组建起一所由无产阶级领导的综合性艺术学校——延安鲁迅艺术学院。次年成立音乐系,吕骥、洗星海先后任系主任。该系的教育方针是:研究进步的音乐理论与技术;培养抗战的音乐干部;研究中国音乐遗产;推动抗战音乐的发展;组织、领导边区的一般音乐工作。该系设置了多种演出、研究、创作机构;编印出版了音乐刊物,发表了许多有价值的理论文章;创作了大量的革命歌曲及合唱、歌剧等作品;为我国造就了众多革命音乐家和音乐工作者。此后,在敌后抗日根据地和解放区又陆续建立了一些类似的音乐教育机构。

(四)当代音乐教育

中华人民共和国成立以来,我国的普通学校音乐教育事业发生了历史性的变化,获得了空前的进步与成就。同时,也经历了一个曲折的历程。在总结正反两方面经验教训的基础上,我国的学校音乐教育正朝着现代化、民族化的方向发展,随着经济建设与改革开放的进展,一个具有中国特色的社会主义音乐教育体系正在探索中逐步确立。新中国成立以来的学校音乐教育大体可分为三个时期。第一个时期(1949年至1966年),这个时期是我国社会政治、经济、文化、教育各方面发生巨大转变和迅速发展的时期。随着对旧的教育体制的改造和新教育体制的建立,政府颁布了一系列教育行政法规,确立了美育和音乐教育在全面发展教育中的地位,迅速使全国的音乐教育步入正轨。1952年教育部颁行的教学计划规定:音乐为中小学必修课,小学和初中一、二、三年级均开设音乐课。并强调:"实施智育、德育、体育、美育全面发展的教育"方针,以"陶冶学生的审美观念,并启发其艺术的创造力"。1956年教育部颁行的初中音乐教学大纲规定:学校音乐教育是"美育和全面发展教育的一个有机组成部分。音乐教学的目的主要是教会学生有理解、有表情地歌唱和感受音乐,通过歌曲艺术形象的感染来培养全面发展的社会主义新人。"对于音乐课外活动给予了高度的重视,"和音乐课堂教学具有同等重要的意义。"在配合社会和学校的政治、文化生活方面,课外音乐活动呈现出丰富多彩、生动活泼的局面。针对当时音乐师资缺乏的状况,国家对师范音乐教育给予了高度的重视。1952年全国15所高等师范院校设立了音乐系科,1956年我国第一所艺术师范学院在北京成立。继而一些省、市和地区也成立了相应的艺术师范学院或在中等师范学校设立音乐(艺术)班。同时,综合性大学和高等师范院校的音乐(艺术)系科也有所增加。至1966年,先后创立了9所高等音乐学院,全国各大行政区至少有一所专科以上的音乐专门学校。这些学校培养出的大批音乐师资在音乐教育工作中发挥了重要作用。20世纪50年代音乐教育发展的一个重要因素是学习苏联的音乐教育体系、教学思想和方法。在全面向苏联学习的方针指导下,认真学习苏联的教育教学理论;翻译出版介绍苏联音乐教育教学的理论著作;派出留学生到苏联和东欧国家学习;聘请苏联专家来华讲学。苏联的音乐教育理论和教学方法对我国学校音乐教育产生过重要的影响。这一时期的学校音乐教育的另一特点是音乐教育作为学校教育的一部分,与当时的政治、经济、社会发展变化紧密联系。特别是音乐教学的内容紧密配合社会政治活动。这种特点,一方面是继承了从学堂乐歌、救亡歌咏运动以来的优良传统,中小学音乐课内外所学的歌曲和社会上的歌咏活动在宣传、鼓舞群众方面发挥了巨大的作用。另一方面,中小学音乐教育也随着政治、经济形势的变化,受到较明显的影响。1957年2月,中央第一次提出了我国社会主义的教育方针:"我们的教育方针,应该是受教育者在德育、智育、体育几方面都得到发展,成为有社会主义觉悟的有文化的劳动者。"综观这一时期的音乐教育,从总体上说,在全面发展教育方针和有关政策法规指导下,音乐教育沿着正确、健康方向迅速发展,取得了中国历史上前所未有的成就,为以后的音乐教育事业发展奠定了基础。第二个时期(1966年至1978年)在推广"样板戏"方面,客观上起到了宣传音乐民族化的作用,在社会音乐教育方面与学校音乐教育方面还是产生了一定的影响与作用。第三个时期(1978年至今)。十一届三中全会以后,特别是改革开放以来,音乐教育事业走出低谷,迎来了复苏、繁荣的发展时期。

1.音乐教育地位有了很大的提高

在党的十一届三中全会提出的解放思想、实事求是路线的指引下,美育问题重又提了出来,政府有关部门注意到中小学艺术教育课程(包括音乐教育)的不可替代的重要作用。1979年以来,从中央到地方的教育行政领导部门先后多次召开专门会议,研究有关艺术教育问题,1981年1月,文化部、教育部联合发出关于《当前艺术教育事业若干问题的意见》,指出:"要重视培养专门艺术人才,也要注意普通教育中的美育。各级文化教育部门必须把艺术教育放在应有的地位,加强领导,大力支持,认真抓好。"1985年5月,中国音乐家协会第四次代表大会期间,来自全国的37位音乐教育界代表,联名向党中央、有关教育部门及全社会发出呼吁书,要求采取有效措施尽快改变当前普通学校音乐教育落后的局面,呼吁书以《关于加强学校音乐教育的建议书》为题,公开发表在《人民音乐》刊物上,随之全国其他报刊纷纷转载,反响甚广,引起了社会各界对这一问题的密切关注。重视学校音乐教育舆论基础工作已经深入人心。第六届全国人民代表大会第四次会议通过的《关于第七个五年计划的报告》中明确地把美育和德育、智育、体育一起列入国家的教育方针,从而重新确定了音乐教育在学校教育中的地位。30年后,学校音乐教育以法律及国家教育计划的文体形式再次登上大雅之堂,使音乐教育重新回归到了学校教育的大家庭,并成为这个大家庭中的重要成员之一,有了自己的一席之地。

为了加强对艺术教育工作的领导,1986年国家教委设立了直属艺术教育处,并成立了由47名专家、学者、教师、研究人员组成的艺术教育委员会。这一举措,改写了我国教育史上音乐教育无专门机构和专人管理的历史,在国家政府中第一次有了主管艺术教育职能机构。1989年国家教委调整机构后,又设立了社会科学研究与艺术教育司,统一归口管理全国各级各类学校艺术教育。几年来,国家教委举办了首届全国小学音乐教师夏令营,召开了少儿艺术教育经验交流会、中小学艺术教育试验工作汇报研讨会和全国学校艺术教育工作会议,颁发了一系列关于加强各级各类学校艺术教育工作的文件。国家教委还创办了《中国音乐教育》刊物,以贯彻国家教委关于学校艺术教育的工作方针和政策精神,指导全国的学校艺术教育工作,对学校艺术教育起导向作用。

随着国家教委对学校艺术教育工作的领导不断加强,许多地方教育部门也把学校艺术教育提到工作日程上来,建立健全了艺术教育管理体制。目前全国所有省、自治区、直辖市和计划单列市的教育行政部门中,基本上都有领导同志分管艺术教育,有十几个省、市设立了艺术教育的专门管理机构,29个省、市自治区配备了艺术教育专职管理干部,还有十几个省市成立了艺术教育委员会,大多数省、市、自治区配备了艺术学科教研员,从而基本形成了多层次的艺术教育管理网络。与此同时,在1986年至1990年间,中国音乐家协会音乐教育委员会厂已连续召开了四届"国民音乐教育改革研讨会",就国民音乐教育的改革与发展等一系列问题进行了研究和探索,对国民音乐教育的改革与提高,产生了积极而深远的影响。

2.学校音乐教育得到进一步发展

随着对中小学艺术教育性质认识的深化,艺术类课程(包括音乐课)在中小学课程的比例逐渐加重,内容不断丰富。现行教学计划规定,全日制中小学均要开设音乐课,六年制城市小学一二年级每周增设一节唱游课。据统计现城市小学音乐课课时数占总课时9.6%,居所有课程的第三位。初中一至三年级每周都要开设音乐课各一节,并在高中增设艺术选修课,有条件的学校可设艺术必修课。1979年、1982年原教育部召开了中小学音乐、美术教材会议,制定并颁发了中小学音乐教学大纲,进一步明确了国家对中小学音乐教学的统一要求和质量标准。原教育部委托有关单位编辑出版了中小学统编音乐教材。之后,许多省、市、自治区还编写了地区性中小学音乐教材,这项工作有了长足的进步,形成了"一纲多本"的局面。1981年颁发了《高等师范院校音乐专业教学大纲(草案)》。1990年国家教委组织力量开始制定编写高中音乐课教学大纲和教材。近几年来,中小学音乐教育在教学内容和方法上有了很大的发展。音乐教学从单一教学唱歌的模式,发展成为包括唱歌、音乐知识、技能训练和音乐欣赏、器乐、创作等多项内容的综合性教学。在教学方法上,学习引进国内外大量优秀的教学方法和经验,推动了音乐教学方法的改革。此外,课外音乐活动也呈现出蓬勃发展的局面。总之,教改已跨上了新台阶。

自1986年以来,我国一些理工科高等学校陆续尝试开设音乐讲座和音乐选修课,受到学生热烈的欢迎,对加强学校精神文明建设起到积极的促进作用。1986年,高等学校音乐教育学会在北京成立。到1990年为止,我国普通高校,每个学校都有艺术社团活动和艺术讲座,半数以上学校开设了艺术选修课,一些学校开设了必修课。近200所学校,成立了艺术教研室,有教师1000余人。举办了全国大学生音乐夏令营,有的省市相继举办大学生艺术节、合唱节等活动,有的省市还成立了大学生艺术团。

截止到1990年底,我国257所高等师范院校中已有129所设立了音乐和美术教育专业,31所艺术院校中已有22所设立了音乐或美术教育专业,加上一些综合性大学设立的艺术教育专业,现在已有164所高校设有音乐、美术教育专业(其中音乐教育专业点111个)。全日制在校生共1.6万人,是建国初期的8倍,1979年的4倍。此外,实行多层次、多渡道、多形式办学,在夜大学、函授大学开设音乐教育专业,举办音乐教育专业自学考试,以及中国电视师范学院音乐教育专业自1989年开设电视卫星专科课程等。这些措施开拓了高等师范音乐教育办学的路子,加快了中小学音乐师资的培养、培训的速度。中等师范学校音乐教育专业近年来也加快了发展步伐。据统计,1992年以前,全国有5所中等艺术师范学校,在校生2000余人。此外,部分普通中等师范学校和职业中学还增设了音乐专业班、音乐加强班,以满足城乡小学音乐师资的需要。

3.音乐教育理论与实践的研究方兴未艾

1980年以来,国家教委艺术教育委员会、中国音乐家协会音乐教育委员会、中国教育学会音乐教育研究会、中国音乐家协会音乐教育学学会、高等学校音乐教育学会等音乐教育理论与实践的研究组织机构相继成立。各省、市、自治区也相应地建立了音乐教育理论与实践的研究组织机构,并从中央到地方开展了音乐教育的理论研究工作和音乐教育经验的传播、交流、介绍工作。一批音乐教育方面的研究成果、专著、论文相继出版和发表。诸如对音乐教育学、音乐教育心理学、音乐比较教育学、音乐学习能力等方面的研究,有些已经有了初步的成果。有些音乐教育研究课题被列入国家教育科学"七五"规划和"八五"规划重点科研项目中。

4.明确了音乐教育的发展方向

1988年之后,国家教委连续下发了《在普通高等学校中普及艺术教育的意见》《关于加少年儿童艺术教育的意见》等文件,号召全社会要重视艺术教育,大学生艺术教育的先天不足,要在大学里补课,要求普通高等学校必须把音乐选修课逐步纳入教学计划之中;艺术教育要与文化部门密切配合,争取社会力量,要从孩童抓起,常抓不懈。1989年国家教委制定并颁布了《全国学校艺术教育总体规划(1989年至2000年)》。《规划》是我国教育史上第一部有关学校艺术教育的重要文献,为学校艺术教育的发展指明了方向。它对学校艺术教育目标和任务、管理、教学、师资、设备与科研等各个方面提出了明确的要求,是学校艺术教育改革与发展的蓝图。特别是贯彻《规划》以来,应当说形势很好,成绩喜人。但是切实贯彻实施《规划》的任务仍然十分艰巨,发展也很不平衡。特别是在音乐师范教育的办学方向、培养目标、课程设置、师资培养、招生分配、设备条件、科研等方面均有许多问题亟待研究解决。

1993年2月,中共中央国务院正式印发《中国教育改革和发展纲要》,其中第35条明确规定:"美育对于培养学生健康的审美观念和审美能力,陶冶高尚的道德情操,培养全面发展的人才,具有重要作用。要提高认识,发挥美育在教育教学中的作用,根据各级各类学校的不同情况,开展形式多样的美育活动。"这是党中央国务院第一次在国家颁布的教育法规文件中以专条的形式论述美育在学校教育中的地位和作用,这一重要文本为今后我国音乐教育迅速发展,为开创音乐教育的新局面提供了理论上、政策上的保障。

1994年7月,国家教委下发关于在普通高中开设"音乐欣赏课"的通知,改写了40多年我国高中不开音乐课的历史。1995年5月,国家教委下发了《关于发展与改革艺术师范教育的若干意见》,《意见》指出:要明确音乐师范教育的指导思想与培养目标、提高办学效益、建立音乐师范教育教学体系等若干问题提出了基本思路和具体要求。1996年7月,国家教委印发了《关于加强学校艺术教育的意见》。该《意见》可以说是对这一时期国家所制定颁布的艺术教育文件的一个全面概括与总结,也是贯彻执行有关音乐教育方针政策和中央领导指示精神的一个具体实施方案。

1997年8月,在北京人民大会堂隆重召开"全国中小学优秀艺术教师表彰暨国家教委艺教委专家讲演团成立大会",从全国30万中小学音乐美术教师中评选出来的500名优秀老师受到大会表彰。1999年6月,中共中央国务院召开了第三次全国教育工作会议。这次会议的主题是,动员全党同志和全国人民,以提高民族素质和创新能力为重点,深化教育体制和结构改革,全面推进素质教育,振兴教育事业,实施科教兴国战略,为实现党的十五大确定的社会主义现代化建设宏伟目标而奋斗。作为大会的一个成果,中共中央国务院颁布了《关于深化教育改革全面推进素质教育的决定》。《决定》指出:实施素质教育必须把德育、智育、体育、美育等有机地统一在教育活动的各个环节中。学校教育不仅要抓好智育,更要重视德育,还加强体育、美育、劳动技术教育和社会实践,使诸方面教育相互渗透、协调发展,促进学生的全面发展和健康成长。这个决定,是我国教育方针与教育观念大改革、大进步的一部纲领性文本,它标志着美育正式写进国家教育方针,这是党和国家为切实提高音乐教育在学校教育中的地位所采取的最重大的、具有划时代的和历史意义的举措。

二、中国音乐教育现状及存在的问题

(一)音乐教育的目标结构仍有待改善

王安国在《我国学校音乐教育改革与发展对策研究》一文中,就"音乐新课程建设及实验、推广"提出了几点不足和问题。文章并引用了美国《艺术教育国家标准》中的论述——"艺术与教育一词的根本含义是不可分的。长期的经验告诉我们,缺乏基本的知识和技能的教育决不能称为真正的教育。"第三点是"音乐教师的培养、培训与新课程要求的差距"。第四点是"教学设施的地区悬殊和新课程资源的普遍短缺"。王文还提出了"促进我国音乐教育发展的六点建议",其中第三点是"整合学术资源,对我国学校音乐教育面临的重大理论问题和实践问题有计划地组织力量攻关突破,加强音乐教育的学科建设"。第五点是"在学校音乐教育中加重中国传统文化的教学分量,鼓励对地方民族民间音乐资源的开发和利用"。

以音乐教育学的学科视角审视,不难看出世纪之交的音乐课程改革是以社会发展需求来提出的。由于意识到新时期对创造性人才培养的需求,而透出强烈的社会需求与个体发展的耦合意向,由此凸显了人文与审美教育,形成人文、审美和学科教育三位一体的新型音乐教育体系。在这一音乐教育的基本目标结构中,任何一个系统——社会文化系统、个体发展系统以及学科技能系统都是不可或缺的,而任何一个教育目标——人文教育、审美教育和学科教育也都是不可或缺的,任何单一教育目标的过分强调,都会导致整体有机结构的被破坏。例如,此次音乐课程改革,确实是在强调"以人为本",强调个体发展系统的注入,审美教育也是因此获得实际的支撑,然而如果因此完全忽视了音乐学科系统、学科教育的存在,尤其是忽视音乐艺术这样一种与审美密切相关的学科的系统性,包含一定的技能性,审美教育也就无法真正实现;另一方面,如果过分强调"学科为本",强调学科体系的严谨性,而忽略了灵动的生命主体性,则又会使事物发展到另一个极端;再者,如果仅将音乐学科等同于感官艺术,而忽视期间内涵人类文化的巨大情感空间以及丰富多彩的各种特定民族文化、历史时代精神,忽视音乐总是与其他相关艺术文化活动综合发生作用的事实,则亦会陷入孤芳自赏、不知所云的愚昧境地。因此,"以人为本"还要"以音乐为本""以文化为本"。音乐教育目标结构的完善,将是一项长期而艰巨的任务。

(二)音乐教育中盲目"崇西"心态有待矫正

如果说20世纪初我国在教育中大力提倡美育,以及大批音乐家在高度关注学校音乐教育中所体现出来的崇高的人文关怀精神给我们留下了良好的传统。那么,"猛烈攻击传统音乐,大力提倡引进欧美音乐"所带来的"崇西"心态,则是应该加以矫正的。在崇尚西方音乐仍盛的今天,音乐教育领域的开放心态,认为学校包含西方在内的所有人类优秀音乐文化传统都是必要的,但如果并不是脚踏实地从自身的实践出发,而仅就西方某些国家的音乐教育思想和教学方法亦步亦趋就是错误的。谢嘉幸曾经在第七届国民音乐教育研讨会上发言指出,"1998"不是"1898",我们认真学习西方,甚至尽可能地与国际社会的音乐教育研究保持"零距离"的交流,这都是很好的。但今天我们学习西方和一百年前学习西方,应该有本质的不同。今天我们学习西方,不仅是为了把西方音乐教育、音乐教学经验与规律,有选择地运用于我们自身的教育改革实践,还为了向西方介绍中国的音乐文化,介绍中国的音乐教育成果,让西方乃至全世界也共享中国音乐文化的成果。

(三)专业音乐教育与普通音乐教育割裂的状态有待修复

目前我国的音乐教育制度,大多数师范院校和普通大学也纷纷办起了音乐艺术学院。一方面,在社会主义市场经济体制下,单纯服务于意识形态政治,而不直接服务于社会的音乐院校是不可能生存的,音乐学院必须由自己向社会证明自身的价值,而直接服务于学校音乐教育和社会音乐教育是最佳的途径;另一方面,师范音乐院校必须提高自身的音乐文化程度,包含创作、表演和理论等方面的素养,才有可能担负起社会音乐文化的传承与发展功能。

(四)音乐教育学科领域有待完善与发展

音乐教育学科领域是非常广阔的。随着科学技术的发展,音乐在人类生活中的作用也越来越广泛,音乐教育学作为一门实践性学科,其研究领域也在日益发展。然而我国的音乐教育研究,仍然局限在学校教育等领域,这些领域的研究当然是很重要的,但就整个社会对音乐教育的需求而言,这样的研究领域则显得过于狭窄了。在音乐充斥人类生活所有角落的今天,即使是为了解决学校音乐教育问题,仅仅局限在学校教育本身是无法解决的。仅以国际音乐教育学会所属的七个委员会来看,我们就能发现今天音乐教育所需研究的领域是多么宽广。

当然,就国际音乐教育学会而言,这些委员会的成立也是随着社会音乐实践的需要而出现的。在该机构1953年成立时,只有三个常务委员会:普通音乐教育委员会、教育与专业音乐家委员会、教育学者委员会。随着国际社会音乐生活与音乐实践的变化与发展,作为国家音乐教育学会的各项研究领域和研讨结构也在变化。在过去的50年中,不仅原有的委员会发生了变化,普通音乐教育委员会更改为"学校音乐与教师教育委员会",教育与专业音乐家委员会更名为"专业音乐家教育委员会",教育学者委员会取消了。还相继产生了五个新的委员会:研究委员会;特殊音乐教育、音乐治疗与音乐医学委员会;早期儿童音乐教育委员会;社区音乐活动委员会;文化、教育与大众传媒音乐政策委员会。

其实一些相关的研究领域,如社会音乐活动、大众传媒政策、特殊音乐教育与音乐治疗等研究领域,近些年在我国也已出现和发展,只是我们很少从音乐教育的角度去关注而已。今天的社会需求,已经到了我们必须将这些研究重新进行整合的时候了。

(五)音乐教育学科的基础理论研究有待深入

综观我国当代音乐教育学科的形成与发展,作为一个非常稚嫩的新兴学科,这一学科最薄弱的还是它的理论基础,即音乐哲学、美学的基础。稍微关注近期国际音乐研究动向的学者,或许会感到奇怪,国际最有影响的音乐教育著述,大多恰恰不是以"教育"来标榜的,他们首先探讨的不是"教育"问题,而是音乐的本质问题。或许有的人会觉得,在音乐教育中我们要研究的不是"音乐"问题,而是如何运用"音乐"去教育的问题,"音乐"是音乐学家研究的对象,而不是音乐教育家要研究的对象。然而,正是我们在音乐教育中时刻都要考虑到音乐在社会中的功能和意义,考虑音乐在现实社会中所需要实现的多重目标,我们才需要不断地追问和思考——音乐是什么?审美是什么?文化是什么?教育是什么?以推动音乐教育实践的不断向前发展。在这里,伦敦大学教育学院硕士研究生课程的架构是能够给予我们启示的;在他们的课程结构中共有四个模块(音乐美学与音乐教育、音乐心理学与音乐教育、音乐社会学与音乐教育,课程研究与音乐教育),在这四个模块中,唯有音乐美学与音乐教育学是必修的,而其他课程模块则可以选修,可见对音乐美学作为音乐教育基础的重视。

当然,音乐教育的理论基础建设,并不意味着紧紧依靠音乐教育学科队伍自身的力量,而完全可以通过与音乐美学、音乐哲学、音乐史学、音乐人类学学科的交叉来开展。我国音乐美学学科的发展也有比音乐教育学学科更长的历史,它的成果是应该在音乐教育学科建设中发挥作用的。仅以张前、王次烟、修海林、罗小平、于润洋、赵宋光等的音乐美学专论,以及近期出版的音乐美学博士论文和大量的美学专著为例,这些著述从音乐基础理论的角度,或直接涉及音乐教育学科的基础理论问题,或与音乐教育实践密切相关,而有些本身即是对音乐教育哲学基础的探究与思考,其所能够而且应该在音乐教育学科建设中发挥的作用还远远没有被挖掘出来。

第三节　高中音乐教育基本理念

以音乐审美为核心的基本理念,应贯穿于音乐教学的全过程,在潜移默化中培育学生美好的情操、健全的人格。音乐基础知识和基本技能的学习,应有机渗透在音乐艺术的审美体验之中。音乐教学应该是师生共同感受、鉴别、判断、创造、表现和享受音乐美的过程。在教学中,要强调音乐的情感体验,根据音乐艺术的表现特征,引导学生整体把握音乐表现形式和情感内涵,领会音乐要素在音乐表现中的作用[①]。兴趣是学习音乐的基本动力,是学生与音乐保持密切联系、感受音乐、用音乐美化和丰富人生的前提。音乐课应充分发挥音乐艺术特有的魅力,根据高中学生身心发展规律和审美心理特征,以丰富多彩的教学内容和生动活泼的教学形式,培养学生对音乐艺术持久而稳定的兴趣和爱好。

普通高中音乐课程的基本任务,是提高每个学生的音乐素养,使学生各方面的潜能得到开发,并使他们从中受益。普通高中音乐课的教学活动应面向全体学生,以学生为主体,将学生对音乐的感受和音乐活动的

[①] 叶长浩. 基于多元文化视角的音乐鉴赏教学研究[J]. 剧影月报,2020,(04):65-67.

参与放在重要的位置。普通高中音乐课程在提高全体学生音乐素养的同时,还要为具有音乐特长、对音乐有特殊爱好的学生提供发展个性的可能和空间,满足不同学生的发展需要。因此,普通高中音乐课的内容应该体现多样化及可选择性的特点,应把全体学生的普遍参与和发展不同个性的因材施教有机结合起来。

普通高中音乐课的教学过程就是音乐的艺术实践过程。因此,在所有的音乐教学活动中,都应激发学生参与的积极性和创造意识,重视艺术实践,将其作为学生获得音乐审美体验和学习音乐知识与技能的基本途径。通过音乐艺术实践,增强学生音乐表现的自信心,培养良好的团队意识与合作精神。 普通高中音乐课程中的音乐创作,目的在于进一步开发学生的创造性潜质。在教学过程中,应设定生动有趣的创造性活动内容、形式和情景,发展学生的想象力,增强学生的创造意识,并进行音乐创作的初步尝试。

普通高中音乐课程应将我国各民族优秀的传统音乐和反映近现代与当代中国社会生活的优秀音乐作品作为重要的教学内容,使学生了解和热爱祖国的音乐文化,增强民族意识,培养爱国主义情感。世界的和平与发展有赖于对不同民族文化的理解和尊重。在强调弘扬民族音乐文化的同时,还应以开阔的视野,体验、学习、理解和尊重世界其他国家和民族的音乐文化。通过音乐教学,使学生树立平等的多元文化价值观,珍视人类文化遗产,以利于我们共享人类文明的一切优秀成果。

第四节 高中音乐课程的内容标准

一、音乐鉴赏

(一)音乐鉴赏在高中音乐教学中的地位和作用

《普通高中音乐课程标准》指出:"音乐鉴赏作为增进学生基本音乐文化素养的主要渠道,在普通高中音乐课程中应首先得到突出和强调。"

由此可见,音乐鉴赏教学在高中音乐系列课程中占有非常重要的地位。因此,它是高中音乐系列课程中唯一的一门必修课。它既是面向全体高中学生的基础性课程,又是与义务教育阶段音乐课程中"感受与欣赏"领域具有联系的延续性课程。其课程意义正如《普通高中音乐课程标准》所说:"音乐鉴赏是培养学生音乐审美能力的重要途径。具备良好的音乐鉴赏能力,对于丰富情感、陶冶情操、提高文化素养、增进身心健康、形成完善的个性具有重要的意义。"

(二)音乐鉴赏的内容标准

根据《普通高中音乐课程标准》的相关要求,音乐鉴赏的内容标准是:聆听丰富多彩的音乐,从中体验音乐的美,享受音乐的乐趣,增进对音乐的热爱,养成欣赏音乐的习惯。能够认识、理解音乐作品的题材内容、常见音乐体裁及表演形式,认识音乐要素在音乐表现中的作用。欣赏中外作曲家的优秀音乐作品,感受、体验其民族风格、地域风格和时代风格;认识、了解不同音乐流派及其重要代表人物的生平、作品、贡献等。学习中国传统音乐和世界民族民间音乐,感受、体验音乐中的民族文化特征;认识、理解民族民间音乐与人民生活、劳动、文化习俗的密切关系。了解中国音乐发展的主要线索和成就。了解西方不同发展时期的简要历史。聆听有代表性的通俗音乐作品,认识和了解中外通俗音乐的发展简况,并能对其做出评价。能够联系姊妹艺术或其他相关学科,对所聆听音乐作品的音乐风格、文化特征作比较,并进行综合评论。学习音乐美学的一般常识,了解音乐的艺术特征,能够对标题音乐和非标题音乐有基本的认识[①]。能以思想性和艺术性相统一的原则,对接触到的音乐作品或社会音乐生活现象做出恰当的评价及选择。能够借助乐谱熟悉音乐作品的主题。能够在电脑上应用相关软件欣赏音乐,并能通过互联网搜寻和下载音乐资料。

(三)音乐鉴赏教学的意义

音乐鉴赏教学是增进学生基本音乐文化素养的主要渠道。音乐归根

---

① 谢凤英. 高中音乐鉴赏中多元文化理解的对比分析[J]. 当代教研论丛,2020,(08):128.

结底是一门听觉艺术,良好的音乐鉴赏能力是学生进行其他音乐学习活动的重要基础。音乐的理解、表现与创作都要建立在对音乐语言感受的基础之上,音乐鉴赏作为增进学生基本音乐文化素养的主要渠道,对高中学生理解音乐、表现音乐、创作音乐具有不可忽视的作用。音乐鉴赏教学有利于进一步提升学生的音乐鉴赏能力。音乐鉴赏教学是义务教育阶段音乐感受与欣赏教学领域的延伸和发展。两个阶段的有序衔接使音乐鉴赏这一内容渗透在整个基础教育阶段中,彰显了音乐课程教学内容的整体性和阶段性,有利于进一步提升学生的音乐鉴赏能力。音乐鉴赏教学有利于提高学生对知识的运用能力和融汇能力。相对于初中生来说,高中学生的知识结构比较丰富且具有一定的网络性和变通性,丰富的音乐鉴赏内容能够在各个学科之间建立起知识的桥梁,提高学生对知识的获取能力、运用能力和融汇能力,并强化他们的学习兴趣,增强他们的学习成就感和自信心。音乐鉴赏活动能够增强学生的沟通能力和协作能力。高中学生学习压力大,同学、老师之间缺乏沟通。通过对音乐鉴赏作品的讨论和探究,抒发有个性的见解,可以使师生之间、生生之间相互了解,加强交流,从而增进相互之间的友谊,营造团结、和谐的学习氛围。

(四)音乐鉴赏教学建议

音乐鉴赏教学应坚持以聆听为主的教学原则。高中生感知音乐的能力较为成熟,能够自主体验音乐作品的情绪情感。因此,在教学过程中,教师要引导他们学会独立地对音乐作品进行整体感知,尊重他们学习音乐的自主性,不要用教师的"标准答案"影响和干预他们生成具有个性的听赏体验。要提高学生的音乐鉴赏水平,必须要有相应的音乐知识作为理论支撑。因此,要注意对学生的音乐知识储备进行及时地梳理和补充。这就要求教师在音乐鉴赏教学中,善于引导学生运用相关音乐知识对作品进行分析和研究,并启发学生运用相关的人文科学知识、社会科学知识挖掘作品的思想内涵。针对高中生的思维水平,教师要设计具有思想性和探究性的问题,引导学生对音乐作品和相关文化现象进行积极地探究和思考,启发学生的发散性思维。设计的问题不仅要引发学生对作品的情绪情感、音乐形象的思考,还要使学生对音乐的艺术特征、时代特征、美学思想等方面有所感悟和体验。在以聆听为主的基础上,与歌唱、演奏、创作、音乐与舞蹈、音乐与戏剧表演等模块协同教学。鼓励学生运用多种形式表现、交流听赏体验,促进学生鉴赏能力和表现能力的提高。例如,让学生采用音乐剧、舞台剧、小品等多种方式表达自己对作品的感受与理解。教师不仅要深入了解高中各个版本的音乐鉴赏教材,纳各家之所长,还要积极开发有地方特色、民族特色和校本特色的课程资源,以拓宽学生的知识视野,让他们获得更为广泛的听赏体验,使学校成为传承民族音乐、培养民族意识、弘扬民族精神的主渠道。

(五)音乐鉴赏教学中应注意的几个问题

1.注意高中音乐鉴赏教学与初中音乐欣赏教学的差别

高中音乐鉴赏教学是初中音乐感受与欣赏教学领域的延伸和发展,两者有许多联系但也有较大的差别。初中阶段音乐欣赏教学主要围绕"音乐表现要素""音乐体裁与形式""音乐情绪情感""音乐风格与流派"四个方面展开,但高中音乐鉴赏教学在这四个方面的基础上,加入了更多的知识要素,对学生提出了更多的能力要求。例如,《普通高中音乐课程标准》要求:"了解中国音乐发展的主要线索和成就。了解西方音乐不同发展时期的简要历史。聆听有代表性的通俗音乐作品,认识了解中外通俗音乐的发展简况,并能对其做出评价。能够联系姊妹艺术或其他相关学科,对所聆听音乐作品的音乐风格、文化特征作比较,并进行综合评论。学习音乐美学的一般常识,了解音乐的艺术特征,能够对标题音乐和非标题音乐有基本的认识。能以思想性与艺术性相统一的原则,对接触到的音乐作品或社会音乐生活现象做出恰当的评价及选择。"显而易见,高中的内容标准在程度上加深了,范围上也扩大了。在教学中一定要从教学内容、学习层次、鉴赏水平几个方面与初中加以区别。

2.明确高中音乐鉴赏课的教学目标

高中音乐鉴赏教学是属于普通高中音乐教育的课程内容,教学对象是普通高中学生,其教学目标是为高中学生音乐文化素养的终身发展奠定基础,提高其文化素养,丰富情感,陶冶情操,增进身心健康。虽然高中音乐鉴赏在作品结构、理解层次等方面比初中音乐欣赏的要求要高，但不能用专业音乐鉴赏的标准去要求学生。因此，在对具体的作品进行分析时，要尽量做到通俗易懂，突出情感体验和音乐的文化性，把握好高中音乐鉴赏教学的尺度。

3.注重提高学生的音乐鉴赏水平

音乐鉴赏教学要重视音乐鉴赏方法的学习。授人以鱼不如授人以渔，在教学中要通过一系列作品的学习，引导学生掌握音乐要素在音乐表现中的作用及基本规律；学会把握音乐的风格、特点，感受、体验我国及世界各国音乐中的民族文化内涵；从音乐美学的角度，综合运用相关学科知识品味、评价作品的艺术特征和思想内涵；掌握音乐鉴赏的方法，提高音乐鉴赏水平。

二、歌唱

(一)歌唱在高中音乐教学中的地位和作用

歌唱是高中音乐教学中以选修课的形式与其他5个模块并存的教学领域，是义务教育阶段音乐教育中演唱教学的延伸和扩展，是高中音乐教育的有机组成部分。《普通高中音乐课程标准》指出："歌唱是实践性很强的学习内容，是培养学生音乐表现能力和审美能力的有效途径。普通高中歌唱教学应在九年义务教育音乐教学的基础上得到提高与发展。要注意培养、发展学生演唱歌曲的兴趣与爱好，增强演唱的自信心；发展学生的表演潜能及创造潜能，使他们能够运用歌唱的形式表达个人的情感并与他人沟通、融洽感情。引导学生用健康的审美意识规范自己的歌唱实践，并在其中享受到美的愉悦，得到情感的陶冶与升华。"

(二)歌唱教学的内容标准

根据《普通高中音乐课程标准》的相关要求，演唱教学的内容标准是：欣赏优秀的声乐作品，感受人声的丰富表现力与美感，积极参与合唱、重唱、独唱等实践活动。学习并逐步掌握歌唱的基本技能，运用正确的呼吸方法、有气息支持的发声、圆润的音色、清晰的咬字吐字，有感染力和艺术表现力地歌唱。在合唱中，注意倾听各声部的声音，保持声部间的和谐与均衡;理解作品的创作意图,并对指挥的动作做出敏锐的反应。重视合唱曲目的积累,本模块一般应排练合唱曲3-5首。在重唱中,能够独立承担一个声部的演唱任务,并能做到与其他声部默契、和谐。在独唱中,能够较深入地理解作品的题材及风格,并能依据自己的声音特点,自信地、有表情地歌唱。能够较熟练地运用乐谱学唱歌曲。利用民间音乐资源,组织学生进行采风活动,采集并学唱优秀的民间歌曲。

(三)歌唱教学的意义

歌唱教学可以培养人的综合能力。歌唱是集姿势、呼吸、咬字、声音、表情及内心情感于一体的一门表现性极强的学科,只有声情并茂才能唱出动听的歌曲。通过初中的演唱学习,学生已能自信地、有感情地歌唱,在此基础上,高中歌唱教学对呼吸、气息、音色、咬字吐字及艺术表现力有了进一步的要求,这不仅有利于提高学生歌唱方面的技能技巧,还可以培养学生的气质、心理素质和舞台表现力。

歌唱教学有利于激发学生歌唱的兴趣和愿望。高中歌唱教学中涉及的歌唱形式有合唱、重唱、对唱、表演唱、小组唱和独唱等多种形式,内容涉及中外优秀创作歌曲、中外经典民族歌曲、通俗歌曲以及歌剧等,这些丰富多彩的形式和内容使得歌唱更富有趣味性和充实感,易于激发学生的歌唱兴趣和爱好,增强歌唱的自信心。

歌唱教学有利于促进学生的身心健康。歌唱需要人的呼吸器官、发声器官、听觉器官、大脑器官等器官的协调运动,因此,它不仅能抒发人的情感,培养人的音乐感悟能力和表达能力,还可以给人以美的享受,调节人的情绪情感,促进身心健康。对于高中生来说,歌唱是他们释放压抑的心情,缓解心理压力的有效途径。

歌唱教学有利于培养学生的合唱能力和团结协作精神。高中歌唱教学在初中的基础上加入了三部合唱和四部合唱,这就要求学生学会倾听各声部的和声,保持自己声部与其他声部之间的和谐与均衡。有利于培养学生的合唱能力和团结协作精神。

(四)歌唱教学的要点

现场观摩不仅有利于学生真切地体会到歌唱的艺术魅力,激发起学习的兴趣和热情,而且有利于教师展现自己的教学风采,与学生拉近距离并树立自己的威信。因此,在教学中教师要认真地、有感情地进行范唱。《普通高中音乐课程标准》指出:"学习并逐步掌握歌唱的基本技能,运用正确的呼吸方法、有气息支持的发声、圆润的音色、清晰的咬字吐字,有感染力和艺术表现力地歌唱","能够较熟练地运用乐谱学唱歌曲"。由此可见,高中歌唱教学要求学生掌握一定的基本技能和演唱方法,但要防止一味地用专业的歌唱教学方法和模式进行教学。要把高中歌唱教学定位在普及音乐教育的层面,将技能技巧的学习融于歌曲的表现之中,突出音乐审美教育的特点。

歌唱是表现性极强的一门学科,如果歌唱时过于紧张、不自信,就会出现喉咙紧张、声音颤抖、嘶哑甚至发不出声的现象。在教学中,教师要善于消除学生的紧张心理,鼓励学生上台表演或者参加社会艺术实践活动,锻炼学生的胆量,培养他们的自信心和良好的心理素质。《普通高中音乐课程标准》指出:"重视合唱曲目的积累,本模块一般应排练合唱曲3-5首。"合唱有利于培养学生的音高感、和声感和集体协作能力。所以,在歌唱教学中要重视合唱教学。要让学生学习合唱的基本知识和演唱方法。根据歌曲的演唱需要和学生的嗓音特点进行声部划分。按照分声部排练、声部检查、声部合成、艺术处理的排练程序进行教学。引导学生对作品进行整体感受、体验与表现,使之学会在指挥的带领下有艺术感染力地、默契地演唱。

(五)歌唱教学建议

1.演唱曲目的选择要难度适中

演唱曲目的选择对于歌唱教学非常重要,因此,在曲目选择时应注意三个问题:第一,演唱曲目的选择要难度适中,即与大部分学生的歌唱水平相适应;第二,演唱曲目的选择要有系统性,曲目之间在演唱风格、技能技巧等方面具有循序渐进的关系;第三,演唱曲目的选择能引起学生的学习兴趣。

2.把声乐作品欣赏与演唱实践相结合

声乐作品欣赏对于开阔学生的音乐视野,提高学生的演唱兴趣和演唱水平具有积极的作用。因此,教师要精心挑选一批中外优秀的、经典的声乐作品给学生欣赏,组织他们从演唱形式、演唱方法、演唱风格、情感表达等方面对作品进行分析讨论,逐步提高他们的声乐欣赏水平和演唱水平。

3.让学生体会不同歌唱形式的特点和魅力

歌唱的形式很多,有合唱、重唱、对唱、表演唱、独唱等多种形式。教师要根据学生的具体情况,组织他们学习各种演唱形式的演唱方法,让他们体会不同歌唱形式的特点和魅力。

4.给学生提供音乐表演的机会

在教学中,可根据学校条件举办各种类型的演唱会、音乐会或歌唱比赛,为学生提供展示音乐表演才能的机会。提高学生的歌唱学习兴趣和歌唱水平。

5.组织学生进行采风和学唱民歌

我国有着丰富多彩的民族民间音乐,在民间音乐丰富的地区,可安排一定的学时组织学生进行采风和学唱民歌。这既可以培养学生的民族音乐审美观和对民族民间音乐的感情,也可以对我国的民族民间音乐起到保护和传承的作用。

三、演奏

(一)演奏在高中音乐教学中的地位和作用

演奏是高中音乐教学中以选修课的形式与其他5个模块并存的教学领域,是义务教育阶段音乐教育中演奏教学的延伸和扩展,是高中音乐教育的有机组成部分。在《普通高中音乐课程标准》中明确指出"演奏是实践性很强的学习内容,是培养学生音乐表现力及审美能力的有效途径。普通高中演奏教学应在培养学生兴趣与爱好的基础上发展其音乐才能,使他们的表演潜能及创造潜能得以充分发挥。在教学中,要逐步提高学生的演奏能力,培养学生健康的审美情趣及与他人协作的精神,并在演奏活动中享受到美的愉悦,得到情感的陶冶和升华"。

(二)演奏的内容标准

根据《普通高中音乐课程标准》的相关要求,演奏的内容标准是:欣赏优秀的器乐作品,感受器乐丰富的表现力和美感,积极参与合奏、重奏、独奏等实践活动。学习并逐步掌握演奏乐器的基本技能,能够流畅地演奏相应水平的曲目,能较准确地把握和表现乐曲的情感,能较熟练地运用乐谱演奏乐曲。在合奏中能按总谱的要求进行排练,正确奏出自己声部的音乐,并能注意声部间的和谐与均衡。能理解作品的创作意图并对指挥动作做出正确的反应。能够根据自己对作品的理解,发表对作品艺术处理的意见。参加排练合奏曲2-4首。在重奏中,能独立承担一个声部的演奏任务,并做到与其他声部默契、和谐。在独奏中,能够较深入地理解作品的题材及风格,并能自信地、有表情地演奏乐曲。进行采风活动,采集并学习演奏优秀的民间乐曲。

（三）演奏教学的意义

演奏教学可以培养学生的创造能力。演奏教学作为高中音乐的有机组成部分,具有独特的艺术魅力。演奏是一种通过演奏者作用于器乐而产生音乐的表现形式,它脱离了歌词、戏文或直观的肢体动作,因此相较于其他模块的教学,演奏中纯粹的音乐具有更丰富的创造性和艺术性,有利于培养学生的创造能力。

演奏教学可以培养学生的实践能力。演奏本身就是一种实践性很强的音乐形式。高中演奏教学通过合奏、齐奏、独奏等各种演奏形式,让学生了解各种乐器的演奏原理,亲身感受丰富多样的音响效果,体验音乐情感内涵,掌握一定的演奏技巧。

演奏教学可以陶冶情操、促进理解多元文化。通过接触国内外不同结构、体裁、风格、人文内涵、精神内核的器乐曲,受到音乐艺术中高尚情操的陶冶,增进对不同音乐文化的理解力。

演奏教学可以促进学生的协作能力。其协作包括学生自身的协作能力以及与他人协作演奏的能力。自身的协作能力包括:眼、耳、手、足及身体各部位的协作能力,理解乐曲、表现乐曲的能力等。与他人的协作能力包括:感受声部和谐、与其他声部相互配合演奏的能力。

地方特色的演奏课可以培养学生热爱本土音乐的感情,促进校本课程建设。我国各个民族地区有丰富的器乐文化。开设地方特色音乐演奏课,使学生在与各地、各民族器乐接触过程中热爱本土音乐文化、学会一定的演奏技巧,这不仅能促进地方课程资源的开发和校本课程建设,还能更好地保护和传承地方民族音乐。

(四)演奏教学的乐器选择

高中演奏教学除了初中演奏教学中所提倡的口琴、竖笛、葫芦丝、口风琴、吉他等乐器外,还可以在常见的民族乐器和西洋乐器中选择。例如在民族乐器中,可以选择的吹管乐器有竹笛、笙、唢呐、箫。拉弦乐器有二胡、高胡、中胡、板胡。弹拨乐器有扬琴、琵琶、古筝、阮、柳琴。打击乐器有大鼓、堂鼓、锣、木鱼、钹等。在西洋乐器中,可以选择的拉弦乐器有小提琴、中提琴、大提琴、低音提琴。木管乐器有长笛、双簧管、单簧管、大管。铜管乐器有圆号、长号、小号、大号。键盘乐器有手风琴、电子琴。打击乐器有定音鼓、大军鼓、小军鼓、三角铁、铃鼓、锣、木琴等。选择乐器主要根据教师的器乐教学专长、学生音乐学习兴趣和合奏教学的需要来决定。

(五)演奏教学要点

在开始学习某一种乐器的时候,教师应讲解乐器的演奏姿势、演奏原理,并进行示范,指导学生进行模仿、体会、掌握,帮助学生养成良好的演奏习惯。在学习演奏方法和技能技巧的过程中,坚持技能技巧为审美表现服务的原则。在教学中应重视培养学生对乐曲的理解能力和表现能力。在技能技巧的学习过程中,应将技能技巧的传授与情感抒发、风格体现、主题塑造、音乐表现等结合起来,反对枯燥乏味的纯技术练习。选取符合高中生审美经验和心理的乐曲,培养、发展学生的演奏兴趣。除此之外,在独奏、合奏课中老师也可以将其他具有审美性同时又符合高中生的音乐改编成器乐曲,以培养和发展学生的演奏兴趣,让他们的演奏兴趣转化为爱好,从而让他们持续地接触音乐、学习音乐、享受音乐。合奏、重奏是一种群体合作的演奏形式,注重乐队整体的协同和统一,这不仅有利于培养学生良好的音乐演奏能力,更重要的是有利于培养学生相互之间的合作意识及集体精神。因此,应提倡合奏、重奏教学。

(六)演奏教学建议

演奏作为高中的一门选修课,其中包含各种乐器学习,因此,势必要打破常规的年级和班级制度,根据学生的演奏程度分班教学。演奏教学的乐器品种尽量多一点,以供学生根据自己的兴趣爱好和音乐能力任意选修其中的一门乐器学习。教学班级可根据学生的情况分为初级班、中级班、高级班三种,以便分层次进行教学。在《普通高中音乐课程标准》中规定演奏模块为18个课时。但是对于实际的器乐学习来说是不够的,尤其是系统的民族乐器和西洋乐器,因此可以与学校的课外活动或兴趣班结合教学。合理地综合运用各种教学方法,有利于提高学生音乐学习兴趣和教学效果。以下几种方法可以根据教学需要综合地灵活运用:老师在教学中进行范奏,以便让学生通过观察进行模仿、学习。也可以鼓励学生进行示范演奏。引导学生通过聆听、练习,体验音乐的情感和音乐表现的过程,并有自己的独立见解。将同一首器乐曲的不同版本,或同一题材、体裁由不同作曲家创作的器乐曲进行对比,从音乐本体、音乐表现力、风格、文化内涵等方面进行比较分析,帮助学生掌握乐曲的风格、特点。在演奏指法、弓法、力度和音色等方面,老师先不给出答案,让学生自己尝试、探索、思考,鼓励有个性的、有创新的理解。当学生出现错误或偏差时,老师与其共同探讨,给出建议。将演奏教学与识谱教学、欣赏教学、创造教学、演唱教学协同教学。

对于难以组建民族管弦乐队或西洋管弦乐队的地区和学校,建议根据学校的师资、硬件条件以及学生的情况,因地制宜开设合奏或重奏课。以下这些合奏或重奏形式,规模较小,除主奏乐器外,可灵活地增添或删减乐器。丝竹乐队:箫、笛、二胡、琵琶、扬琴、鼓等。吹打乐队:两面鼓、钹、锣、唢呐、竹箫、高胡、低胡等。军乐队:铜管乐器、木管乐器、打击乐。混合乐队:由民族乐器和西洋乐器共同组成的混合乐队,大致分为5个组:吹管乐器组:竹笛、长笛、笙、单簧管等;铜管乐器组:圆号、小号、长号等;弹拨乐器组:琵琶、扬琴、中阮、古筝等;拉弦乐器组:小提琴、二胡、中胡、大提琴(或低音革胡)等;打击乐器组:大鼓、大钹等。混合乐队一般为20—40人,可以根据实际情况调节各组乐器人数,不拘泥任何固定模式,但是要注意乐队的整体布局,高低音乐器搭配要平衡、和谐。拥有丰富的本土、本民族音乐文化特色的地区和学校,应有效利用当地资源进行演奏教学。还可以请民间艺人或当地文艺团体、文化馆的老师进行教学，以解决缺乏师资的问题。为了使更多学校的学生学习乐器演奏，建议在同一学区的学校共享演奏课的师资和硬件。例如：A中学开设二胡独奏课，这个学区选择二胡独奏选修的学生都去A中学上课。B中学开设丝竹合奏课，该学区选修丝竹合奏的同学都去B中学上课。另外，如果出现师资缺乏问题，同一学区内的学校可以共同聘用外校老师上课。

四、创作

(一)创作教学在高中音乐教学中的地位和作用

高中创作教学是以选修课的形式与其他五个模块并存的教学领域，是九年义务教育阶段音乐创造教学活动的延续，其最终目标是"发掘学生的创造性思想潜能，激发学生的创造意识，培养学生的创新能力"。在《普通高中音乐课程标准》中明确指出："高中学生尝试音乐创作是激发想象力、培养创造力的有效途径，是发掘创造性思维潜能的过程和手段。这种学习对培养具有实践能力的创新人才具有重要意义。在教学中，应以歌曲创作为重点。条件比较好的学校或有兴趣的学生，可根据实际情况，适量增加音乐创作的专业知识及其他形式的创作实践。"

(二)创作教学的内容标准

根据《普通高中音乐课程标准》的相关要求，创作教学的内容标准是：学习音乐材料组织与发展的基本形式及声乐作品中的词曲结合关系，初步掌握音乐作品结构的一般常识及基本作曲手法，参与以歌曲创作为主的创作实践。学习音乐创作必需的基础理论知识，遵循音乐创作的一般规律进行创作学习，并能用简谱或五线谱较准确地记录作品。尝试为歌词谱曲、为旋律配置简易伴奏，或利用各种不同的音源材料，进行某一主题的命题创作。在电脑上尝试运用数字音序和数字音频软件进行简单的音乐编辑和创作。鼓励学生在当地进行采风活动，采集优秀的民间音乐，作为创作和改编的素材。

(三)创作教学的意义

音乐创作可以培养学生的想象力、创造力与发散性思维。音乐创作课的核心内容是通过学习音乐创作的基本手法，培养学生的创造性思维和想象力。它不仅是激发学生想象力、培养创造力的有效途径,也是让学生通过音乐的形式表现自我、抒发情感的过程和重要手段。音乐创作能让学生学会用音乐表达自己的思想情感。在音乐创作过程中,学生通过观察、提炼、创作、表演,进一步提高自己对生活的观察力与思考力,并运用音乐语言进行创作,以表达自己的思想感情。同时在创作过程中获得更丰富的生活经验,进一步认识、体验音乐与生活之间的联系。音乐创作可以使学生学会运用音乐语言和文学语言共同发掘美、创造美。音乐创作涉及音乐创作和歌词创作的基本手法,可以使学生认识、了解音乐语言与文学语言的共性与个性以及相互之间表情达意的关系,提高学生的文学素养,体现音乐教育的人文性特征。音乐创作可以巩固和拓宽学生的音乐理论知识和音乐能力。在音乐创作过程中,涉及到音乐作品结构的一般常识、基本作曲手法、识谱、记谱和音乐表演等方面的知识和能力。因此,可以使学生以前学过的音乐理论知识得到巩固和运用,还可以进一步拓宽他们的音乐知识面,提高他们的音乐鉴赏能力和表现能力。

(四)创作教学要点

要善于激发学生的音乐创作兴趣。学生只有对音乐创作产生兴趣,才会主动地、大胆地进行音乐创作活动,并在一系列的音乐实践中得到快乐的体验,找到自信,肯定自己的音乐潜能。因此,如何激发学生的音乐创作兴趣是教师应首先考虑的问题。例如通过对学生的创作作品进行鼓励性的评价来激发学生的学习兴趣;引导学生从生活中找到音乐创作的素材,让他们感受到音乐创作就那么简单,就在他们的生活里;鼓励学生相互演唱各自的作品,相互进行评价,感受音乐创作的乐趣,等等。

以开发学生的创造性潜质为目的。创作教学的主要目的是培养学生的创造性思维和想象力。因此,在创作教学中,应始终以通过音乐丰富学生的形象思维,开发学生的创造性潜质为目的。避免把音乐创作教学变成记知识、背概念和纯作曲技法的训练过程。把音乐创作与音乐表现、音乐鉴赏相结合。音乐是声音的艺术,我们必须通过听才能对音乐作品进行评价。因此,创作教学应鼓励学生将习作以音响的形式展现,把音乐创作与音乐表现、音乐鉴赏结合起来,组织学生对作品进行表演和评价。教师以鼓励性的评价方式进行总结和点评,帮助学生在不断修改和完善中升华创作能力。

  指导学生把音乐基础知识和音乐基本技能运用于音乐创作之中。音乐基础知识和音乐基本技能是中学音乐教学的内容之一,它既是学生音乐素养的组成部分,也是学生进行音乐鉴赏、音乐表现和创作活动的重要基础。因此,在创作教学中应指导学生将初中阶段所学习的音乐基础知识和基本技能运用于音乐创作之中,把音乐创作方法的学习与音乐基础知识,音乐基本技能的学习结合起来。以下是创作教学中将要涉及的音乐创作手法和音乐基础知识:音乐的基本要素及其表现作用。这些基本要素包括旋律、调式、节奏、节拍、速度、力度、音色、和声等。歌曲写作中旋律发展的基本手法,如重复、变化重复、模进、变奏、紧收、宽放、对比并置、引申展开、首尾迭置、安排终止等。歌曲写作中的常用曲式。如:一段曲式、二段曲式、三段曲式、多段体等。歌曲写作的基本知识,如人声的音域、歌曲高潮的形成与处理、前奏、间奏、尾声,以及简易伴奏的配置等。歌曲写作中的词曲关系,如歌词内容、歌词节奏、歌词结构、词曲节奏关系、词曲音调关系、词曲对置关系等。

(五)创作教学建议

  建议从简单的一段体歌曲开始学习创作,以后逐步学习创作班歌或反映校园生活的其他歌曲。班歌最能体现一个班级的精神面貌,也能够表现出一个班级的独特风格。创作班歌不仅能让学生学到作曲的基础知识,还能增强学生的班级荣誉感,树立好的班风,培养团结合作精神。运用多种教学方法进行教学。创作教学的方法很多,下面针对高中创作教学的特点,提出以下几种教学方法以供参考:在创作教学中,把各种不同风格、不同特点的歌(乐)曲进行比较分析,探索其音乐展开的基本手法和创作技能,然后进行模仿写作。教师要挑选一些经典作品为范例,让学生多听、多赏、多分析,积累感性知识,借鉴创作手法。把典范作品与所学创作理论相结合,把借鉴与创作实践相结合,从中获得创作灵感,积累创作经验。为熟悉的歌曲填新词。例如将某一歌曲或地方民歌进行改编,保留原曲调填入新歌词。将熟悉的歌曲重新谱曲。例如将歌曲

《月亮代表我的心》保留原歌词重新谱曲。教师提供简单的伴奏音型与和弦,要求学生根据歌曲的情绪、风格进行伴奏的编配。教师提供一定的音乐素材,引导学生根据自身的知识结构与情感倾向进行某一主题的命题创作,并对其作品展开讨论,师生互动,共同交流。将学生分为若干个小组,要求每个组内的学生合作完成自选主题、作词、谱曲、表演等一系列创作活动。各组之间进行相互学习、交流、评价。该教学方法有利于培养学生的团结协作精神,也可以使创作教学与音乐教学的其他模块结合起来,促进学生的全面协调发展。

举办各种音乐创作比赛和展演活动,以激发学生的创作欲望。通过比赛或展演活动,可以把学生自己创作的成果以生动活泼的形式展现出来。既使创作者感受到了成功的喜悦,又使表演者展示了自己的音乐才能。还可以促使同学之间的合作与交流,不断提高音乐创作的水平,增强音乐表现能力和自信心。鼓励学生学习和收集当地民歌素材进行创作和改编。在教学条件允许的情况下,教师可以组织学生开展户外采风活动,这样可以帮助学生走进生活、了解大自然,寻找音乐创作的灵感,消除文化学习给他们带来的疲惫感。开展户外采风活动对于传承民族民间音乐,开发地方音乐资源和校本音乐课程建设具有积极的意义。音乐创作要与音乐鉴赏、歌唱、演奏、音乐与舞蹈、音乐与戏剧表演5个模块协同教学,培养学生有效整合所学知识和技能并运用于音乐实践的能力。例如将创作或改编的歌(乐)曲组织同学演唱或演奏然后进行鉴赏和评价;将创作或改编的(歌)乐曲以舞蹈的形式表演出来。有条件的地方或学校可以开设电脑音乐制作课。让学生学会在电脑上运用数字音序和数字音频软件进行简单的音乐编辑和创作。高中生都有一定的电脑操作能力,对电脑技术的学习也有着强烈的兴趣。开设电脑音乐制作课一方面可以使学生的创作思维以音响的形式呈现,提高他们的音乐学习兴趣和学习效果,另一方面可以提高他们的电脑操作技术。

五、音乐与舞蹈

(一)音乐与舞蹈教学在高中音乐教学中的地位和作用

音乐与其他姊妹艺术是紧密相连且相互影响的。音乐与舞蹈教学就是从姊妹艺术的角度,让学生学习、了解音乐与舞蹈的相互关系,进一步拓展学生的艺术视野。作为高中音乐教学六个模块中的选修模块之一,它丰富和完善了高中音乐课程的内容,是新课程改革的一个跨越性的进步。该模块既可以让学生直接参与、体验舞蹈艺术的美,也可以使学生通过舞蹈欣赏的形式感受音乐语言与肢体语言的完美结合。《普通高中音乐课程标准》中指出:"音乐与舞蹈是亲密无间的姊妹艺术,其直观的艺术感染力,对丰富学生的艺术体验、形成健康的审美情趣、促进身心发展具有重要价值。在音乐与舞蹈课中,舞蹈技能的学习固然是需要的,而音乐感知、体验及综合艺术素养,也不可忽视。在教学中,应注意音乐、舞蹈学习的有机结合。"

(二)音乐与舞蹈教学的内容标准

根据《普通高中音乐课程标准》的相关要求,音乐与舞蹈的内容标准是:积极参与舞蹈的学习、排练、演出等活动。学习舞蹈的基本动作及动作组合,并在音乐声中练习和熟练。了解音乐与舞蹈的关系,根据舞蹈的节奏和情绪选配适合的音乐,或通过肢体动作表现舞蹈音乐的节奏特点和情绪情感。能根据指定或自选的音乐即兴舞蹈。学习优秀的舞蹈或舞剧片段,能够生动地进行表演。能够根据音乐,设计与之相应的舞蹈动作及队形。结合欣赏和排练,了解舞蹈的起源、发展、体裁及相关文化知识。能够鉴赏和评价中外民族舞、古典舞、现代舞、芭蕾舞、社交舞等不同舞种及其音乐的特色及风格。

(三)音乐与舞蹈教学的意义

音乐与舞蹈教学使学生在双重的体验与感受中丰富情感。音乐课需要与多种艺术形式综合,作为高中音乐新课程模块之一的"音乐与舞蹈"模块,将音乐与舞蹈这个姊妹艺术完美地结合。让学生在音乐中学习舞蹈,感受舞蹈的造型美、意境美;在舞蹈中体验音乐,体会音乐的力度、节奏、速度和旋律美。这种形体视觉美与音乐听觉美的高度吻合,让学生在教学中有双重的体验与感受,使他们的情感体验更加丰富、真切。

音乐与舞蹈教学可以培养学生良好的气质。音乐与舞蹈模块有其自己的特性,音乐的欣赏和舞蹈的学习、模仿需要脑、眼、耳、手等全身的参与,既可以缓解高中生学习上的压力和疲劳状态,又可以培养学生良好的气质风度,帮助其塑造良好的姿态、体态和步态。

音乐与舞蹈教学有利于培养学生的节奏感。节奏是连接舞蹈和音乐最有力的纽带,是音乐与舞蹈最基本的表现形式。舞者必须跟上音乐的节奏才能正确地表达情感,塑造形象。从动作的角度来说,舞者必须跟上音乐的节奏才能与其他合作者的动作保持一致。因此,音乐与舞蹈教学有利于培养学生的节奏感,进一步提高对音乐的理解能力、表现能力。

音乐与舞蹈模块教学可以培养学生的协作能力。舞蹈表演或排练需要全体参与者的合作与默契。在此过程中,可以增加学生之间的交流与合作,使他们更加团结友爱,从而培养他们的协作能力、团队意识和集体主义精神。

音乐与舞蹈教学对于弘扬和传承民族优秀文化具有重要的作用。在学习各民族舞蹈的过程中,学生可以从中领略到各民族的文化以及情感的表达方式,感悟民族精神的真谛,从而更加热爱民族音乐与舞蹈。

(四)音乐与舞蹈教学的基本内容

音乐与舞蹈教学的内容可以根据教师的专业特点、学生的兴趣爱好以及学校的教学条件来选择。一般来说,有四个方面的内容可供选择:舞蹈基本动作训练、舞蹈组合与舞蹈作品学习、舞蹈作品鉴赏、舞蹈即兴表演与编创。

1.舞蹈基本动作训练

芭蕾舞基础训练的内容有:基本手位(一位、二位、三位、四位、五位、六位、七位)、基本脚位(一位、二位、三位、四位、五位)、把杆组合(擦地组合、蹲组合、小踢腿组合、大踢腿组合)、中间组合(小跳组合、中跳组合、大跳组合)。

古典舞基础训练的内容有:基本手型手位(兰花指、虎口掌、单指、剑指、按掌、托掌、山膀)、基本脚位(正步、丁字步、小八字步)、身韵组合(提、沉、冲、靠、含、腆)。在舞蹈基本动作训练内容的选择上要避免追求高难度与专业性,音乐与舞蹈教学是面向全体高中学生,并且高中学生此时已经进入青春发育末期阶段,身体柔韧性等各方面基本已经定型。

所以舞蹈基本动作训练应选择简单、适合高中学生特点的动作进行,使其具备初级的舞蹈功底。

2.舞蹈组合与舞蹈作品学习

中国汉族民间舞蹈的种类很多,如秧歌、花灯、采茶灯、跳春牛、耍耍、二人台、二人转、跑竹马、跑早船、花鼓、龙舞、狮子舞、剑舞、盾牌舞等。东北秧歌讲究"稳中浪""浪中俏""俏中浪"。踩在板上,扭在腰上,是东北秧歌的最大特点。它融泼辣、幽默、文静、稳重于一体,将东北人民热情质朴、刚柔并济的性格特点挥洒得淋漓尽致。花鼓灯兼有南北文化之长,既有北方刚劲爽朗的特点,又有南方柔美的风韵,形成了矫健、奔放、轻捷、活泼、细腻、优美的艺术风格和地方特色,具有特殊的美感力量。二人转又称小秧歌,广泛地流传于东北地区。唱词诙谐幽默,富有生活气息。舞蹈与东北大秧歌相似,同时又吸取民间舞蹈和武功动作,道具多使用手绢花和扇花。龙舞也称"舞龙""耍龙""玩龙灯"。龙灯舞的表演是以舞龙的基本步伐(碎步快跑的飞龙步、五步一摆头的游龙步、三步一摆头的腾云步等),按照舞龙的八种路线(圆场、搭门、舔龙等)跑场。跳春牛具有浓郁的中国农耕文化色彩,这种舞蹈形式多种多样。有表演拉犁、执鞭赶牛、播种等舞蹈动作,包含着人们迎春、劝耕、祈望五谷丰登的美好愿望。

藏族舞蹈是主要以农牧文化与宗教文化相融合而形成的舞蹈形式。藏民日常生活中弯腰弓背的生活体态,反映在舞蹈中就进一步造成藏族舞蹈前倾、弓腰的基本体态特征。蒙古族人民伴随着他们的游牧生活,创造出具有草原生活特点的舞蹈,反映出蒙古族人民质朴、大气磅礴的气质。蒙古族舞蹈的特点是彪悍矫健、热情奔放,善于运用肢体的每一个部位来表现其独特的风格特点。维吾尔族同胞自古居住在我国西北部新疆,那里地处古丝绸之路,古称"西域"。维吾尔族舞蹈融合了各个不同时期的文化精华,经过历代新疆各族人民的不断创造和发展,形成了抬头、挺胸、直腰的基本体态和热情、豪放、稳重、细腻的风格特点。朝鲜民族居住在我国有着漫长严冬的东北,朝鲜族舞蹈主要的动作部位在上身部位,而上身的基本形态主要由手臂、手位的动作来体现。最终形成了具有动静相间、细腻、潇洒典雅等风格特色的朝鲜舞蹈。傣族舞蹈以典雅、柔美的风格著称,具有柔软、舒缓的动律,舞姿富有雕塑感,感情内在而含蓄。在表演的过程中舞者始终保持"三道弯"和"一边顺"的体态。

国外民间舞蹈丰富多彩,有热情奔放的西班牙舞、优美神秘的印度舞蹈、灵巧轻柔的波尔卡、节奏明快的踢踏舞等。我们可以选择踢踏舞进行教学。踢踏舞历经近百年的发展,形成了不同的风格,最主要的两大支是爱尔兰风格的踢踏舞和美国风格的踢踏舞。这种舞蹈以自由轻松体态,双脚运动的表现为主,没有很多的形式化限制,具有独特性与创造性。专业表演者穿着特别的踢踏舞鞋,但对于高中学生来说没有这个必要。学生只需学会用脚的各个部位,在地板上摩擦拍击,发出各种各样的踢踏声,由此来感受其丰富的韵律节奏。

社交舞最早起源于欧洲,在古老民间舞蹈的基础上发展演变而成。它是广泛流传于社会各阶层的一种社交性、体育性舞蹈,是一种集交际、健身、艺术、娱乐等功能为一体的文化体育活动。主要类型有:华尔兹、伦巴、探戈、布鲁斯等。这种舞蹈对于高中生来说简单、容易上手,同时可以增进学生之间的交流和友谊。

3.舞蹈作品鉴赏

独舞也称单人舞,是由单独的个人对舞蹈作品进行表演。一般作品短小精巧,具有独立的主题,擅长表现舞蹈形象及个性。优秀作品有:中国古典舞《秦俑魂》《扇舞丹青》《爱莲说》。

双人舞是由两位演员共同进行表演。两位演员在动作的大与小、力度的强与弱、节奏的快与慢等各个方面相互配合来完成作品。优秀作品有:中国古典舞《玉魂》《霸王别姬》;中国民族民间舞《出走》《风鸣动》;近当代舞《同行》;古典芭蕾《海盗》《爱神大双人舞》等。

三人舞是由三位演员共同完成的,其中通常都包含独舞和双人舞的部分。但并不是独舞、双人舞各自在舞台上自我表现,而是在人物情感、动作关系、画面构成中都相互关联的。优秀作品有:中国古典舞《大唐贵妃》《边塞木兰》;中国民族民间舞《牛背摇篮》《邵多丽》;古典芭蕾《童话娃娃》等。

群舞指人数不等的多人舞,具有丰富多彩的画面变化和舞蹈构图。优秀作品有:中国古典舞《踏歌》《飞天》《秦王点兵》;中国民族民间舞《小溪江河大海》《狼图腾》《珊瑚颂》;近现代舞《如火的青春》《中国妈妈》;西班牙舞《西班牙玫瑰》等。

舞剧是舞蹈、戏剧、音乐相结合表演的舞台艺术,其中以舞蹈作为主要表达手段。舞剧由若干要素组成,其中最主要的是故事要素、情节要素、语体要素、叙说要素。优秀作品有:民族芭蕾舞剧《红色娘子军》《白毛女》《大红灯笼高高挂》;古典芭蕾舞剧《天鹅湖》《睡美人》《胡桃夹子》;古典舞剧《宝莲灯》《铜雀伎》《霸王别姬》;中国民族民间舞剧《五朵红云》《阿诗玛》《妈勒访天边》等。

4.舞蹈即兴表演与编创

对于普通的高中生来说,舞蹈即兴表演与编创有一定的难度。进行这一部分教学的目的并不是为了让他们创编完整的舞蹈作品,而是着眼于调动学生的学习积极性,培养他们的创新意识,让他们更好地感受到舞蹈独特的魅力。该部分教学可以结合所学的舞蹈类型来进行。

针对普通高中生的水平,我们首先可以从即兴造型开始,让学生们先进行单一造型的即兴表演,帮他们克服心理的障碍。在此基础上进行造型连接,就是在造型与造型之间用多个舞蹈形态给予连接。之后可以根据音乐进行即兴创作表演。教师放上一段或几段不同的音乐,让学生根据自己的感受,用肢体语言来表达内心的感受。对于每一个学生的表演,不论水平的高低教师都应该以鼓励为主。

舞蹈编创可以让学生以小组为单位进行实践。指导学生首先确定一个舞蹈主题,写出舞蹈结构,然后选择音乐,设计动作,最后进行排练。

(五)音乐与舞蹈教学要点

音乐是舞蹈的灵魂,在教学中应把音乐与舞蹈结合起来。例如,在学习某一中国民族民间舞蹈的时候,应该结合舞蹈适当地介绍该民族音乐的特点。教师要注意学生的身体素质条件,兼顾大多数人的基本功状况。基本动作练习一定要遵循由易到难、循序渐进的原则,尽量不要选择难度较大的舞蹈动作。在基本动作组合的练习中最好配合音乐,让学生体会音乐与舞蹈融合的感觉。

高中的音乐与舞蹈教学与专业舞蹈教学不同,其目的不是教学生掌握高难度的技巧动作,而是学会用肢体语言表现人物思想感情、塑造人物性格和精神面貌。因此,在教学中教师要教学生学会如何将情感用肢体语言表现出来。为了提高学生的舞蹈学习兴趣和学习效率,教师应鼓励学生参加学校或社区举办的各种舞蹈表演活动。这样既可以丰富学生的课余生活又增加了舞蹈表演的经验。

(六)音乐与舞蹈教学建议

要开设本课程,首先需要一间舞蹈教室,教室内应铺设塑胶地板或铺设木质地板或复合地板,此外,教室里还应该配备把杆、镜子、多媒体等教学设备。高中生普遍喜爱现代流行舞。为了提高他们的学习兴趣,可以适当加入街舞等现代流行舞的教学内容。甚至可以让学习过流行舞的学生参与教学工作。曲目和内容都可以由学生自己选定。为了使学生深入理解舞蹈艺术与社会生活的密切关系,除了通过舞蹈欣赏的形式之外,还可以通过舞蹈表演和舞蹈创编等途径。因此,教师要引导学生联系自己的学习和生活进行舞蹈即兴表演和舞蹈创编。学会用舞蹈的形式来表达自己对事物的认识和态度。一般来说,学生对于带有手绢、扇子、水袖等道具的舞蹈比较感兴趣,在教学中可适当选用其中的某种舞蹈进行教学,以提高学生的学习兴趣。此外,还可以通过组织学生参加学校或社区的演出活动来促进学生的学习。

六、音乐与戏剧表演

(一)音乐与戏剧表演在高中音乐教学中的地位和作用

音乐与戏剧表演模块是以选修课的形式与其他5个模块并存的教学领域,是义务教育阶段音乐教育中音乐表演教学的延伸和扩展,是高中音乐教育的有机组成部分。在《普通高中音乐课程标准》中明确指出"音乐与戏剧表演有利于培养学生的兴趣爱好、拓宽艺术视野、提高审美能力。在教学中,应将音乐与戏剧表演相结合,重视表演及创编等实践活动,发展学生的表演才能及创造才能"。

(二)音乐与戏剧表演的内容标准

根据《普通高中音乐课程标准》的相关要求,音乐与戏剧表演的内容标准是:欣赏中国戏曲、中外歌剧、音乐剧及戏剧和影视配乐等,了解戏剧构成的主要元素,认识音乐在不同类别的戏剧艺术中的地位与作用。能配适当的音乐,有表情地朗诵散文、诗词、寓言、童话等文学作品。能够选择适当的题材,创编有配乐的戏剧小品或小型音乐剧,并参与排练及演出。能够有表情地演唱我国的戏曲唱段及中外歌剧选段。了解我国传统戏剧及中外歌剧的起源、发展、流派风格、主要代表人物及艺术成就,并能对具有代表性的作品做出评价。

(三)音乐与戏剧表演教学的意义

音乐与戏剧表演教学充分体现了音乐课程改革中人文综合的理念。为满足学生的不同兴趣爱好和发展需求,丰富多种形式的艺术体验开辟了一条新的途径。音乐与戏剧表演教学有利于提高学生的综合艺术表现能力。通过各种形式、内容的教学,帮助学生认识音乐与姊妹艺术的关系,培养学生对姊妹艺术的兴趣爱好,拓展艺术视野,发展学生的艺术表演才能及创造才能。音乐与戏剧表演教学可以活跃校园文化生活。通过开展丰富多彩的综合艺术活动,可以提升学校文化生活的品位,使学生感受到各种艺术表演形式的艺术魅力和文化内涵,培养学生共同参与的群体意识和相互尊重的合作精神。音乐与戏剧表演教学可以帮助学生正确认识传统音乐文化与现代音乐文化、中国音乐文化与外国音乐文化之间的关系,开阔学生的艺术视野,提高学生的文化艺术素养,树立起正确的多元文化价值观。

(四)音乐与戏剧表演教学要点

1.以鉴赏作为教学的切入点和基础

在"音乐与戏剧表演"模块中,包括音乐在内的戏剧鉴赏活动是重要的教学内容,也是学生走进戏剧、了解戏剧的切入点和基础。通过鉴赏,使学生了解戏剧的特点、构成的主要元素,掌握戏剧表达思想感情、塑造人物形象的主要方式和手段,认识音乐在不同类别的戏剧艺术中的地位与作用,激发学生学习戏剧、参与戏剧表演的兴趣。

2.以参与作为教学的有效途径

相对于初中生来讲,高中生在艺术审美、艺术表现过程中的情感更为丰富,逻辑思维进一步加强,参与音乐活动的指向性、目的性和自我意识更为明显。根据这一特点,我们应尽可能地给他们提供参与戏剧表演的机会。让他们从中感受和体验戏剧与生活的关系,了解戏剧表达情感、表达美的特殊方式。进一步增强学习戏剧的兴趣。参与表演可从朗诵配乐或戏剧小品入手,逐步参与小型音乐剧、戏曲唱段及中外歌剧选段的表演活动。

3.鼓励学生积极进行创编活动

学生学习戏剧艺术,不仅需要学习体验别人的作品,也需要学会运用音乐和戏剧表演的形式去表达他们自己的思想感情。在教学中,教师要善于引导学生观察生活,从身边熟悉的事物中提炼创作素材进行戏剧创编活动。通过创编活动可以使学生进一步感受、了解戏剧的艺术特色和表现方式,从中体验戏剧创作的愉悦和成就感,提高创新意识和创新能力。

4.引导学生进行交流和评价

在教学中,教师应引导学生对自己和同学的创作、表演进行交流和评价,可以采取创作介绍、自我评价、相互评价、小组评价等多种形式进行。通过交流和评价,使学生共享在戏剧创作、表演中的经验和体会,使审美能力、表现能力、创作能力在潜移默化中得到提高。

(五)音乐与戏剧表演教学建议

1.以演出的形式促进和延伸课堂教学

教师在学期初有计划地给学生安排表演任务,如:单元汇报演出、期末汇报公演、社区演出、福利院演出等。在任务的驱动下,引导、鼓励学生根据自己的兴趣与喜好,自由组合小组演出团队,选择演出的戏剧种类及表演剧目,将演出任务与课堂教学、课外活动密切结合。这样不仅可以提高教学效率,而且可以提高学生的学习兴趣和积极性。让学生在演出活动中领略戏剧的美感与魅力,培养团队精神和合作能力。

2.根据教学需要合理选择教学方法

教学方法很多,以下根据戏剧教学的需要提供三种教学方法:情景教学法:在教学中创设相关的情境,调动学生的学习兴趣和形象思维,使他们更好地感受戏剧。参与体验法:在欣赏戏剧片段后,让学生模仿剧中人物或根据自己的理解和感受进行表演,通过参与表演,进一步体验戏剧的艺术美,提高学习兴趣。探究学习法:在教学过程中,引导学生通过观察、思考、讨论、交流和合作等活动,自主体验作品、表现作品,掌握知识和技能。

3.有效利用教学资源

教学资源是指为教学的有效开展提供的师资条件、学生资源、物质条件、自然条件、社会条件及媒体条件等。通常包括教师、学生、教材、教案、课件、教具、影视、图片及相关教学基础设施。广义的教学资源也应该包括教学环境、教育政策等内容。在教学过程中,教师要有效利用教学资源。例如开发、利用当地的传统戏剧作为地方或校本音乐课程的课程资源;有条件的学校可以聘请当地剧种的专业演员做兼职教师;也可以在同一学区内实行戏剧师资共享的教学模式;还可以请选修器乐的学生组成伴奏乐队,请选修美术的学生参与舞美设计及服装制作等工作。

第五节　高中音乐课程的教学原则及设计思路

一、高中音乐课程的教学原则

(一)审美性与协同性并举原则

音乐教育的主要任务是进行审美教育,因此,在音乐教育的过程中,首先要体现审美性,即培养学生正确的审美观和鉴赏美、表现美、创造美的能力。与此同时,要体现协同性,这是发挥音乐教育在人的整体素质培养中的特殊作用的重要基础。根据协同学的协同效应原理,只有当系统内各个子系统之间的关联运动占主导地位时,系统才能够产生协同效应,优化整体功能。由于音乐教育具有知识覆盖面广、综合性强等特点,所以,它与素质教育系统中的思想素质教育、文化素质教育、心理素质教育、身体素质教育等子系统有着显性的、隐性的和非线性的相互作用,具有促进各个子系统之间关联运动的功能。由此可见,在音乐教育中,体现协同性是非常重要的,这种协同性包含四个方面的含义:第一、音乐学科内部各分支学科之间的协同合作;第二、音乐学科与其他姊妹艺术学科之间的协同合作;第三、音乐学科与非艺术学科之间的协同合作;第四、音乐教育过程中各要素之间的协同合作,包括师生之间、教师之间、师生与教学媒体之间的协同合作。

演唱(奏)的歌(乐)曲必须具有高度的艺术性和音乐美感。音乐欣赏所选择的作品应该是中外音乐宝库中的经典之作,是社会美、自然美、形式美和艺术美的完美结合,能够唤起学生对美的追求,从而达到陶冶情操的目的。音乐教师的范唱、范奏、语言、仪表、举止和板书,以及音乐教学的环境应给人以美感,使学生在美的氛围中亲身感受美、体验美。音乐教育的过程,应以审美为核心。学生在音乐学习、音乐表演、音乐欣赏的过程中,应认真分析、感受作品的思想美、艺术美和形式美,不断丰富自己的美感经验,提高自身的审美修养。在音乐教学中,把唱歌教学、器乐教学、音乐欣赏教学、识谱教学有机地结合起来。在音乐教学中,使音乐学科与舞蹈、美术、雕塑等艺术学科自然地融合。建立起"音乐教育与素质教育协同"的音乐教育观[①]。在音乐教育过程中,与语文、历史、思想品德、地理、数学、物理、化学等文化课程的教学协同合作,充分发挥音乐教育独特的功能,促进各学科之间的相互渗透与融合,以提高素质教育系统的整体功能。教师要以学生为主体进行教学,充分发挥教师的主导作用。要运用启发式教学,调动学生的思维和学习积极性。通过与学生在感情上的沟通,达到教与学的协同。通过教师高水平的范唱、范奏,精彩的分析、讲解,和巧妙的设问、解答,达到教与学的协同。教师要根据学生的知识结构、学习能力、心理特点,精心设计教学形式,选择教学方法,确定教学内容。做到"教师—教材—教学方法—学习方法—学生"之间的协同。教师的思维是开放的。在教育过程中,因为教师对教学内容、教学形式和教学方法的选择起主导作用,所以,教师的开放性思维对

---

① 张海玲. 高中音乐鉴赏教学中融入多元文化的作用[J]. 中国文艺家,2019,(08):199.

于协同教学是至关重要的。其具体表现为:不断吸收、接受新的知识和教学方法。知识广博,具有综合运用横向学科知识的能力。善于采用开放式的教学方法。教学中注重通过音乐的抽象性、可塑性,培养学生的发散性思维和想象力、联想力、创造力,鼓励学生勤思考、多提问。在学习上、感情上主动与学生进行交流和沟通,经常与学生谈心、交心,能够以平等的态度与学生共同探讨学习中的诸多问题。学生是受教育者,也是教育成败的体现者。教育过程中的大量知识、信息,必须通过他们自身的吸收、消化,才能产生教育效果。因此,学生思维的开放性是协同教学的重要因素。学生要积极、主动地向教师学习知识,并做到互相学习、互相交流。要有好奇心和创新意识,敢于提问,敢于想象,并经常接触外界,善于接受外来信息,积极参加课外活动和社会活动。

(二)情感性与创新性相结合原则

情感或感情是一个人为人处世的重要基础,一个人对于父母、兄弟、姊妹的感情,对于老师、同学的感情,对于国家、社会、生活的感情,等等,从很大的程度上影响着他的意志、思想和行为,甚至影响到世界观和价值观的形成。试想,如果我们培养出来的学生对家庭、社会、生活毫无感情,他的责任感,他的上进心,他的事业心和奉献精神又从何谈起?因此,情感培养是教育系统中很重要的基础工程,它在素质教育中具有举足轻重的作用。

情感培养可以通过许多途径,如:父母的关爱、朋友的帮助、社会的支持、理论的教诲、艺术的熏陶,等等。由于音乐教育是以情感培养为主要目的,而且,它是以美的形式向人们传递情感,所以,最容易被人所接受。也由于音乐是对于人类文明和人类情感的高度集中、升华和概括,所以,它能够使受教育者的情感更为丰富、深厚、宽泛。此外,前面我们已经谈到,由于在音乐教育中,情感体验大多不带有个人功利性,所以,它可以净化人的心灵,使人的思想达到最高境界。教育家柏拉图认为,音乐的"节奏与乐(曲)调有最强烈的力量浸入心灵最深处。如果教育方式适合,它们就会拿美来浸润心灵,使它也就因而美化","受过这种良好的音乐教育的人,可以很敏感地看出一切艺术作品和自然界事物的丑陋,很正确地加以厌恶,但是一看到很美的东西,他就会赞赏它,很快乐地把它吸收到心灵里,作为滋养,因此自己性格也变成高尚优美"。亚里士多德通过模仿学解释了音乐对于人类的意志、性格、行为、道德等多方面的影响,他认为,当人们在模仿着演唱和演奏以及欣赏某一音乐作品时,就会经历一次同作品的情感一样的感性体验,这就是一次隐性教育,也是完善自我的过程。在音乐教育过程中,要使学生通过对各种作品中不同情感的体验,不断丰富自己的情感,增强对事物的理解能力和判断能力,明辨是非,爱憎分明。

应该指出,音乐教育在培养、丰富学生情感的同时,还可以培养他们的创造性思维,不断挖掘、发展他们的创新意识和创新能力,这是因为:其一,音乐具有抽象性和可塑性,它给人们在感情体验、形象思维等方面提供了较之"文学语言"更为广阔的空间,有利于培养学生的联想力和想象力。其二,音乐审美的心理过程中包含了"发散性思维"和"集中性思维"的有机结合。例如:在欣赏二胡独奏曲《二泉映月》的过程中,优美而伤感的音乐在我们的脑海里展现出无锡惠山泉的美丽景色,同时使我们感受到一种内心的痛苦、迷茫和凄凉,这时我们会联想到阿炳不幸的人生。随着音乐的不断发展,高亢激昂、铿锵有力的旋律使人体会到阿炳不屈的性格,以及对幸福生活的向往,想象出他是怎样以顽强的毅力在贫穷和饥饿之中生活。听完乐曲之后,我们得出结论,《二泉映月》是一首借景抒情、寓情于景、情景交融、刚柔相济的二胡独奏曲,乐曲倾诉了阿炳一生的辛酸苦辣,控诉了世道的不平。在欣赏这一乐曲的过程中主要运用了"发散性思维",听完乐曲之后,则是依靠"集中性思维"对乐曲作出评价。心理学家认为,创造性思维是"发散性思维"和"集中性思维"有机结合的产物。所以说,如果一个人只重视发展逻辑思维,那是片面的,是不够的,只有把逻辑思维与形象思维,科学思维与艺术思维有机地相结合,才能形成高质量、高素质的创造性思维。因此,在教学中应该把情感性与创新性有机地结合起来,引导学生创造性地学习音乐,有意识地训练学生的思维方式和思维能力。

在情感体验中培养学生思维的流畅性。所谓思维的流畅性是指在单位时间内产生观念数量的多少。在短时间内产生的观念多,表示思维流畅性大,反之,则思维流畅性欠佳。根据吉尔福特的理论,思维的流畅性可分为四种形式:用词的流畅性,是指在一定的时间内能够运用含有规定的字母或字母组合的词汇量的多少;联想的流畅性,是指在限定的时间内能够根据一个指定的词找出其同义词或反义词数量的多少;表达的流畅性,是指根据句子结构的要求所排列词汇的数量的多少;观念的流畅性,是指在限定时间内产生满足一定要求的观念的多少,即提出解决问题答案的多少。在音乐教育中,我们完全可以找到与这四种形式相对应的思维训练方法,例如,可以采用音乐创作竞赛的形式,培养学生思维的流畅性。其具体做法是,在规定的时间内,要求学生用"1、3、5"三个音(或选用其他的音)来表达某种情绪,以创作乐句的多少和旋律的流畅程度来决定胜负。也可以在音乐欣赏教学中,通过欣赏一首作品之后,要求学生在规定的时间内说出联想到的人物和场景。在情感体验中培养学生思维的求异性。所谓思维的求异性是指对同一事物或概念产生与众不同的反应和理解的思维现象。这是人类打破思维常规,改革创新所必需的重要思维方式。这一思维方式在音乐审美过程中是不可缺少的。例如,欣赏完圣-桑的作品《动物狂欢节》之后,让学生用各种各样的动作和造型,结合模仿各种动物的声音,来表达自己对音乐的理解。在情感体验中培养学生思维的变通性。思维的变通性也称为思维的灵活性,是指在对待事物、分析问题、处理问题的过程中,根据情况及时调整思维方向,拓宽思维范围的能力。音乐审美过程中的联想与想象就属于这种类型的思维。四、在情感体验中培养学生思维的敏感性。思维的敏感性是指对事物能及时地做出反映和把握独特新颖观念的能力。比方说,在进行口头音乐创作时,教师先唱出一句旋律,要求学生体会其感情,然后根据这一句旋律的特点,唱出第二句旋律。

(三)民族性与多元化相结合原则

每一个国家、每一个民族的民族音乐,都与历史、政治、经济、文化、人文、宗教、民俗等有着密切的联系,因此,它代表了本国家、本民族的民族气质和民族精神。通过学习民族音乐,可以使学生了解祖国的音乐文化,继承发扬中华民族的优秀传统和民族精神,培养、增强民族意识和爱国主义情操。所谓民族性,是指在音乐教育中,要把我国各民族的优秀传统音乐作为重要的内容,使学生在美的感受中,体验祖国母亲的情怀,感受祖国母亲的伟大,树立起民族自豪感和责任心。

在强调民族性的同时,必须与多元化相结合。因为世界的和平与发展有赖于不同国家、不同民族文化之间的相互交流、相互理解和相互尊重。所谓多元化,是指在学习、理解本民族音乐文化的基础上,学习、了解世界各国有代表性的优秀民族音乐。通过音乐教育,使学生了解不同国家、不同民族的历史、文化、习俗以及审美观和思维方式;通过音乐教育,使学生了解各国,放眼世界,形成开放型的思维;通过音乐教育,使学生学会理解、尊重世界其他国家和民族的音乐文化和审美哲学,理解音乐文化的多样性,树立起平等多元文化价值观。

(四)面向全体与成功性原则

素质教育是面向全体学生的教育,它要使每一个学生都成为学习的成功者,这一教育思想在音乐教育与素质教育协同的过程中,应得到充分地发挥。因为音乐是一门人人都喜爱,人人都能接受的艺术,它可以不受年龄、文化程度、语言等方面的限制。在音乐学习和音乐表演中,能给人树立自信心和自豪感,并感受到成功的喜悦。教育要面向全体学生。在音乐课堂教学方面,教师选择教学形式、教学方法,确定教学内容、教学进度时,应根据全体学生的基本情况来考虑,衡量教学效果应以全体学生掌握知识、技巧的程度为标准。在音乐课外活动方面,要以内容丰富、形式多样来适应众多学生不同音乐能力、不同音乐兴趣的需要。例如:开展班级歌咏活动,举办"小歌星、小舞星、小乐手"比赛,举行音乐欣赏讲座,等等。

让每一个学生都有音乐表演的机会,感受到成功的喜悦。作为学生来讲,总希望自己的能力得到发挥,并得到别人的赞扬。音乐教育最能满足学生的这种心理要求。因此,教师无论在课内,还是在课外,都要给每一个学生提供音乐表演的机会,并引导全体学生对表演者的表演给予肯定和鼓励。在音乐表演中,学生不仅锻炼了胆量,也树立了自信心,这种心理素质的培养,有助于学生学习其他文化科学知识。

(五)趣味性与律动性原则

音乐课教学一定要突出趣味性,要让学生从座位上解放出来,使他们在游戏之中,积极主动地学习音乐。尽量采用音乐游戏的形式进行教学,营造生动活泼、轻松愉快的学习氛围。根据学生的心理、生理特点,选择教学形式和教学方法。比如,尽量采取讲故事的形式来解释作品,用学生熟悉的语言和陈述方式与他们进行交流。及时地变换教学形式和教学方法。中学生控制自己注意力的能力不太强,一般来说,他们集中精力学习的时间是二十五分钟左右,教师应把握好学生有意注意的这一时间限制,及时地变换教学形式和教学方法,使他们始终在一种思想集中的状态下主动地学习。打破按班级座次就座的上课形式,让学生在活动中学习,把律动教学、歌表演教学等形式贯穿于音乐教学的始终。

(六)音乐课堂教学与音乐课外活动相结合原则

音乐课外活动是实施音乐教育的重要途径之一,同时,它也是促进音乐课堂教学开放的生动有效形式。通过音乐课外活动,能够进一步提高学生的音乐学习能力,给学生提供更多的学习音乐、表现音乐、创造音乐的机会。学生可以在音乐课外活动中消除文化学习的疲劳,活跃自己的思维,加强与教师之间以及相互之间的了解,发展自己的个性,并且把所学的各科知识在音乐活动中加以综合运用,使之内化,以形成高尚的个性品格。

使音乐课外活动规范化、制度化。音乐教育是一种参与性、实践性、延伸性很强的活动,在音乐教育与素质教育协同的过程中,仅仅靠音乐课堂教学是远远不够的,它必须结合大量的音乐课外活动来予以实现。为了保证音乐课外活动的正常开展,应使之规范化、制度化,例如,学校要有合唱队、乐队和音乐活动兴趣小组,定期举办音乐欣赏讲座和全校文艺汇演活动,建立学校艺术节制度,组织学生参加社会音乐活动,等等。通过音乐课外活动的开展,活跃校园生活,促进学校—教师—学生之间的交流和了解,加强学校整体教育和各学科之间的开放性。在音乐课外活动中培养学生综合运用各学科知识的能力,使所学的知识得到巩固提高、吸收内化。在音乐课外活动中,让学生接触、学习更多的音乐精品,拓宽音乐教育与素质教育协同的空间。培养学生的组织能力、交际能力、协作精神,使其身心得到健康的发展。

二、高中音乐课程的设计思路

(一)音乐课的教学目标和内容设计

1.音乐教学目标的设计

(1)新课程标准下的音乐教学目标

音乐课程目标是从宏观的角度规定某一教育阶段音乐教育所要达到的最终结果,它以音乐课程价值的实现为依据,具体包含在情感态度与价值观、过程与方法、知识与技能三个目标维度的表述中。在教学目标的设计中,传统的"教学目的"同现在的"教学目标"有着根本的区别:前者带有浓厚的"学科本位"和"教师中心"痕迹,其设计体现为"教什么""怎样教""通过教达到什么目的"等;后者则是从学习者的角度出发,根据课程标准和教材来设计目标要求及目标水平,体现了从"教师中心"到"学生本位"的转变。

音乐教学目标的作用有如下四点:明确音乐教学方向,主导音乐教学过程,提示音乐教学方法,决定音乐教学效果。明示音乐教学计划,界定音乐教学范围,规范音乐教学进度,提出音乐教学要点。调节音乐教学过程,制约音乐教学方式,变化音乐教学方法,调控

音乐教学操作。检测与评价音乐教学过程与效果。

(2)教学目标的设计

音乐教学目标的设计必须摒弃以单一知识、技能作为唯一教学目的的目标意识,要建立在对人的发展的整体关怀上,从三个目标维度进行:情感态度与价值观、过程与方法、知识与技能。

培养学生具有丰富的审美情感是音乐教育的首要目标,它可以包括态度、情感。态度指学生在整个审美活动中的投入程度。积极的学习态度是使整个教学过程顺利进行的首要条件。在这一教学目标中应十分重视学生学习音乐过程中的心理效应,使学生通过学习音乐,形成乐观、向上、积极自强的完美品格。情感指学生发现与领悟音乐艺术美的品

质,从而在情感上得到美的陶冶,在精神上得到升华。"情感"这一教学目标要强调学生的主体意识与自我调控能力,培养学生能全神贯注地深入音乐的意境,使学生能与音乐产生共鸣;同时具有深沉的情感,并在情感的驱动下,更深刻地领悟音乐中所蕴含的丰富的思想内涵,还要培养学生在学习中具有主动探索与求知的精神,并使这一精神得以迁移,使学生成为思想深刻,情感丰富的人。

过程与方法这一目标可细化为五个具体目标:体验、模仿、探究、合作、综合。体验是指由身体性活动与直接经验而产生的感情和意识。体验性是现代学习方式的突出特征之一,它强调身体性参与,学习者在学习过程中要用自己的眼睛看,用自己的耳朵听,用自己的嘴说,用自己的手做,用自己的脑思考。一句话,就是学习者要亲自去经历,去感悟、去操作。模仿具有形象性与趣味性。通过模仿,可以积累感性音乐经验,丰富对音乐表现要素的学习与理解,为表现音乐和创造音乐奠定基础。无论是作为一种新的课程形态,还是一种新的学习方式,在新课程中都有着独特的不可替代的价值。它是指教师不将现成答案告诉学生,而由学生自己在教师的指导下自主地收集资料,调查研究、分析交流、发现与探索问题并获得结论。它可以使学习者保持独立的持续学习的兴趣,丰富学习的体验,养成合作与共享的个性品质,增进独立思考的能力。合作教学方式目前在音乐教学中被广泛地运用着。它是指学生在小组或团队中为了完成共同的任务,有明确的责任分工的互助性学习。作为一种教学方法,是指将其他艺术形式有效地渗透和运用到音乐教学中,通过以音乐为主线的综合艺术实践,帮助学生更直观地理解音乐的意义及其在人类艺术活动中的价值。

音乐知识不仅仅体现为乐理知识,它还包括音乐基本表现要素和音乐常见结构以及音乐体裁,形式以及音乐与相关文化方面的知识。音乐技能不是仅仅表现为视唱、练耳、识谱等方面,也不只是发声、共鸣、咬字吐字等歌唱技术层面,更为重要的是把乐谱的学习与运用放在全部音乐实践中进行,将其视为音乐表现活动的一个环节和组成部分,它可以包括认知、操作。认知是指认识、记忆音乐内容,对音乐作品和音乐基础知识有一定程度的了解。"认知"目标是传统音乐教育中最为重视的内容。

操作是指让学生把所学的音乐知识转化为动作和技能。

2.音乐教学内容的设计

(1)新课程标准下的教材观

音乐课的教学内容来源于音乐教材。广义的教材应包括教科书、教学参考资料、补充读物、工具书、杂志、视听材料、图片等。教材是为教师的教学活动精心打造的,是可供利用的课程资源。但也是可以根据课堂需要进行更改和补充的。新课标要求教师具有创新意识,形成自己的教学个性。教师有权对教材进行二度开发,重新排列知识点,增选合适的相关内容。教师要"用教材教",而不是"教教材",这一新的教材观包含以下内容:教材是教学"材料",是实施教学的依据,但教学过程和教学方法可变、顺序可变、时间可调、实例可换、内容可选。教材虽然是师生共用的,但它主要是学生用的,是学生学习的材料。教材不再是教学活动唯一的目标和对象,应把教材看作是传递教学信息的重要媒介。

(2)音乐教学内容的设计

音乐教学内容是音乐教学的依据,是学生获得音乐审美感受和体验的客观条件。因此,选择具有欣赏价值、能够唤起美感的歌曲和乐曲作为音乐教学的内容是极其重要的,它是实现音乐教学以审美为核心的基础和前提。音乐教学内容的审美因素包括立意美、情境美、音韵美、曲调美、配器美、伴奏美等。一首好的歌曲教材总是贴近学生的生活,表达学生的心声;或是蕴含一个美好的寓意,或是抒发一种温暖的心曲,或衬托出一个美丽的梦幻,或展现一片炽热的情怀。这种立意与情境之美对学生有着深刻的感染力,会使其心灵萌发美的种子。同时,好的歌曲教材还应具备"动听""耐唱"的特点,只有优美的曲调才能让人百听不厌、百唱不厌。音乐鉴赏教材要体现经典性与文献性,展示人类音乐文化的精华。器乐教材"美"的着眼点则在于简洁、洗练的编配方面,通过配器显示其音色、织体的丰富之美、变化之美、和谐之美。音乐教师要善于发现和挖掘音乐教学内容的审美因素,将自己的音乐审美体验积极地融入对教材的分析、处理之中,形成强烈而浓郁的音乐审美动力和审美渴望。

新课程标准下的教学内容由重视知识、技能的传授向多样性发展方向转变。因此,教师要不断拓展教学内容,进行教材资源的开发,使教学内容向着多样化的方向转变,将教学内容从课本扩展到学生的生活实际。除教材规定的必选曲目外,也要积极听取学生的意见,让学生选择自己感兴趣的、喜爱的音乐作品作为补充教材,但所选作品应有新意,既要易于理解,又不能太浅显太直白。例如学生大多喜爱流行歌曲,但流行歌曲中良莠混杂,学生普遍缺乏鉴别能力,教师可选取一些思想性、艺术性结合较好的流行歌曲作为歌唱教材,既满足了学生的爱好,又帮助他们提高了鉴别能力。

  课堂教学能否达到预期的效果,在很大程度上取决于备课。备课必须在充分解读教材、分析教材的基础上进行。熟悉教材是指熟悉教材的指导思想和内容,理解教材的审美教育要求和对知识技能的要求,对教材的思想性、艺术性和表现手段等方面有全面、正确的理解。由于音乐教材的内容和形式不同,对教材准备的方式和重点也有所不同。如唱歌教学就要唱熟歌曲,练好伴奏,做到准确而有表情地范唱;欣赏教学就要把所要欣赏作品的乐谱、音响熟练掌握,把理论常识部分的概念、含义搞清楚,达到对作品深刻而准确地理解。分析教材是在熟悉教材的基础上进行的,通过分析教材,了解教材的特色、特点,挖掘其潜在的思想性与艺术性,寻求诸方面的"可利用性",明确教学的重点与难点(重点是指教学内容的关键部分,难点是学生不易掌握的部分)正确分析教材的难点、重点,设计良好的教法,将难于掌握的东西用通俗易懂、生动形象的教学方法使学生掌握。为此,教师要多动脑,勤思考,下功夫。在备课中,仅仅熟悉与掌握课本上的知识是不够的,要想在教学中得心应手、游刃有余,还需要多查阅有关资料——如教学参考资料,音像资料、音乐文献资料、乐谱等。例如:在熟悉歌曲教材时,除唱熟歌曲、练好伴奏之外,还要对歌曲的创作背景、词曲作者等情况有深入了解,对歌曲的调式、体裁、风格等方面有准确把握。在熟悉欣赏教材时,除熟悉掌握乐谱、音响之外,还应对乐曲的主题、曲式、体裁、时代背景、艺术价值有一定了解。总之,查阅资料的目的,是要使教师高瞻远瞩,在教学中立于主动地位。

  (3)课时计划的编写

  教师在设计教学内容的基础上,根据学生已有的学习经验和个性智力差异及能力发展水平,选择适宜的教学方法,以学生发展为本,而教师,则应扬其所长,发挥自身优势,主动积极地适应学生的发展。教法的设计既要设计教的方法,又要设计学的方法,两者有机结合,构想出最佳的课堂设计,在此基础上才能写好教案。

　　课时计划也称"教案",是教师备课活动的最后结品,也是教师课堂教学的依据。音乐教案常包括授课日期、课题、教学目标、重点和难点、教具、教学过程、板书设计、课后记录。用概括性或标题性的语言说明本课的主要教学内容。教学目标要定得适当准确,不能过高或过低,文字要简明扼要,切忌套话、空话。在某些情况下,重点和难点是一致的。但有时重点未必是难点,难点也未必是教学的主要内容。对此,教师要针对教材内容,结合学生实际,分析出重点和难点,以便有针对性地突破它。把所需教具一一列出,在课前准备时逐项落实。教学过程是教案的主体部分,也是教学实施的具体体现,教学目标主要通过教学过程来完成。一节课能否上的富有音乐性,师生互动,有声有色,大多与教学过程、方法的设计有关。教师要根据教学内容、教学目标、教学方法及学生实际情况,合理地安排教学步骤,做到层次清楚、重点突出。写这教学过程时应该注意:教学过程中的各项内容都要详细地写进教案,尤其是经验不足的青年教师,经验丰富的教师在遇到新教材、新教法时也要写详案。对教学内容中的重点,难点所采用的教学方法要写清楚。有时还要准备几种教学方法,以备上课时灵活使用。合理安排每一教学环节的时间,并写在相应的位置。教师漂亮而有条理的板书会给学生潜移默化的影响,板书要简明扼要,有指导性,要力求整洁,布局合理。课后记录是对教学目标完成情况的总结,对教学效果的自我评估。对一些重要的心得体会或经验教训要详细记录,对课堂上一些"突发事件"及处理过程也要如实记录,以便改进以后的教学。

(二)音乐课堂教学类型与结构的设计

1.音乐课堂教学类型

(1)音乐课的类型

单一课是在一节课内完成一项教学任务的课。如唱歌课、器乐课、创作课、欣赏课等。由于单一课的内容单纯而集中,可以使学生获得鲜明的、相对完整的知识和技能,具有集中解决某些问题的优点。但是单一课容易使学生感到单调、枯燥,注意力不易持久,所以年级越低,单一课运用的机会就越少。

综合课是将几项教学任务合理安排并有机结合起来的课型。在实际音乐教学中大量使用的是综合课。由于综合课的教学内容有主有次,一节课有听、有唱、有讲、有练,形式生动活泼,机动灵活,所以容易调动学生的学习积极性。但是在综合课中仍应有主次,重点的教学内容要突出,不能将所有的教学内容平均分配。

(2)音乐教学类型的选择

学生因生理发育、知识结构、能力水平、学习兴趣等因素的不同而形成各自的年龄特点。高中学生的思维能力强、想象力丰富、知识结构较完善、自控能力也比较强,单一课型可相对多一些。教学内容有项目上的差别、难易的差别,还有教材量上的差别。这些都要求上课方式要有所不同。

2.音乐课堂教学结构

(1)音乐课的结构

音乐课的结构是指一节音乐课各部分内容之间的联系、顺序及学习时间的分配。一般说来,一堂音乐课包括组织教学、导入新课、学习新课,巩固新课和布置作业等环节。然而,由于音乐教学的特殊性和音乐学科教学内容的多样化,音乐课可以有各种各样、灵活多样的设计。

(2)音乐课堂教学结构的设计

精心设计音乐课结构,是提高音乐教学质量的一个重要方面,也是音乐教师教学水平的重要标志之一。要注意教学内容的选择和搭配,教学环节的顺序安排与时间分配,教材重点难点的处理,以及情绪的高潮与起伏,教学方法的选用等,使每节音乐课都富于音乐性和创造性。

组织教学是维护课堂教学秩序组织学生自觉学习的手段,它不仅是课堂教学结构中的一个部分,而且它的影响应贯穿音乐教学的始终。课堂教学的导入,是教师在新课或教学内容开始前引导学生进入学习的行为。导入的成功与否,关系到整个教学过程中学生的学习状态。为了使学生集中精力、情绪饱满地迅速进入学习状态,经常使用的方法有以下几种:以音乐导入。播放或由教师亲自演奏一段优美的旋律(最好与本课教学内容有关的音乐),以调动学生的学习兴趣,集中学生的注意力。教师开门见山地点明教学目的、教学任务,提示难点重点让学生有一个心理准备,引起重视。以崭新的形式导入,出人意料,如以舞蹈导入,学生上台演唱或演奏导入,以名人或作者的趣闻轶事导入等。总之,要根据学生掌握知识的特点,结合课程的教学内容,为音乐课设计一个富有情趣的开端。

　　在实际教学中,音乐教师经常会遇到学生上课精神不集中、搞小动作看课外书等问题,教师要在以正面教育为主的前提下,进行处理。课堂上出现纪律问题,音乐教师一方面要考虑自己的教学方法,从积极引导学生参与音乐活动的角度,来改善课堂纪律面貌;另一方面,教师还可以用暗示的方法。例如:从精神不集中的学生身边轻轻走过,或提问旁边同学回答问题,或让他参加演奏、演唱活动等,转移他的注意力,使他专心投入课堂学习。另外,还可采用幽默的语言活跃气氛,在必要的情况下做严肃的批评,以制止问题的蔓延,维护正常课堂秩序。

　　一节课的结束部分若是全课的高潮,在学生情绪高涨时终止,会使学生留下想象、回味、思索的余地,增强音乐课的魅力。为了使知识保持连贯性,可在课结束时为下节课做铺垫,搭建新课与旧课之间的桥梁。

　　引入新课是一个过渡性的教学环节。它的主要任务是把学生的注意力和兴趣引导到新课题上。并且要激发起学生的学习欲望,形成一种积极参与的精神状态,从而为进行新课打下良好的基础。引入新课的方法,有从内容上引入的,也有从形式、题材、风格上引进的,也可用音乐引入、故事引入、图片引入、直接引入等方法。

　　新课教学是课堂教学的核心环节,是教学结构中的主体部分。新课教学的主要任务是:学习第一次出现的新教材(如新歌或新的欣赏曲),在全体学生参与音乐实践的过程中逐步掌握新教材,并从中顺带学习相关的音乐知识和相关文化,学习一定的音乐技能,提高学生的审美能力和音乐表现能力。在新课教学时,教师要注意以下问题:一切教学手段,都要为实现教学目标、实现教学任务服务。认真执行各项音乐教学原则,以提高教学质量、加快教学进度。既要发挥教师的主导作用,又要发挥学生的主体作用。要把艺术实践、音乐审美教育摆在教学的重要位置上。突出重点、明确难点、优选教学方法,力求巧妙而有实效。

巩固教学是当堂强化新课教学成果的环节。通过复习巩固使学生加深理解、发展记忆、形成技能。通过多次的艺术实践活动提高学生的音乐表演能力和音乐审美能力。巩固教学的方法多种多样,没有什么固定的方式。常用的方法有:个别检查、部分抽查、小测验、个人表演、小组表演等。在此环节中,如果教师想了解学生的学习效果,可以从学习能力较弱或一般的学生中抽样检查,这便于教师判断多数人的学习效果。让个人或小组表演时,最好找那些有表演能力的学生,他们的精彩表演,可给学生以美的享受,激起新的学习欲望。

布置课后作业是一节课的延续性环节,它带有强化教学成果的性质。布置作业的目的性要强、量要适当、范围要具体、要求要明确。课堂小结的目的是:概括教学内容,总结本课的优缺点,培养学生优良的学风和班风。课堂小结的主要内容有:概括本节课的教学内容及要点。表扬全班学生或某些学生的优良表现。指出集体存在的不足及努力的方向。教师在做课堂小结时,一定要简明扼要。对学生的表现,要以鼓励为主、批评为辅。课堂教学结构的各个环节绝不是一成不变的。它会因教学任务、教学内容、教学类型、教师的教学风格、学生的实际情况而产生千变万化的结构方式。因此,作为音乐教师,应该充分发挥自己的主观能动性,不囿于一种固定的模式之中,精心地设计每一节课。

(三)音乐课堂教学方法的设计

1.音乐教学方法的种类

由于音乐自身的特殊性以及音乐教学内容与形式的多样性,决定了教学方法的多样性、灵活性和包容性。它既包括各学科所通用的教学方法,也具有音乐教学自身独特的个性。通常所使用的教学方法大体可分为如下几类。

第一类:根据教学内容分类的教学法。例如歌唱教学法、器乐教学法、欣赏教学法、律动教学法、创作教学法、音乐基础知识与基本技能教学法等。这些教学法以音乐领域中的不同形式作为音乐教学的内容,并围绕着该内容引申出一系列相关的教学法。

第二类:根据教学活动的不同行为方式分类的教学法。例如练习法、讨论法、谈话法、讲授法、欣赏法、模仿法、演示法,等等。此外,还有以音乐教育家命名的,为他们所创立的各种音乐教学法。如奥尔夫教学法,柯达伊教学法等。这些教学法已形成各具特点的音乐教育体系。

将根据教学内容分类的教学法简介如下。听唱法是老师逐字逐句范唱,学生进行模仿的歌唱教学法。视唱法是在学生掌握了一定的视唱技能后,在教师的指导下,通过看谱学习唱歌的方法。这种方法有利于提高学生的视唱能力,但难度较大。需要说明的是听唱法的功效远非只是使学生学会新歌,有些民族风格强烈的歌曲在谱面上是无法标注的,只有靠听唱法才能得其要领。目前,音乐教师们普遍使用的方法是先让学生随着录音学会歌词,然后再回过来学唱全部或局部歌谱,这实际上是将听唱法和视唱法融为一体了,对于基础较差的班级和学生,教学效果很好。

艺术地表现歌曲的情感是教学的根本,不能只注重音乐知识,音乐技能训练而忽视音乐情感的表现,也就是说,唱歌教学要十分音乐化。在唱歌教学中,伴奏是为唱歌服务的。但伴奏的优劣对学生歌声的质量影响很大,好的伴奏能激起学生的情感,使歌声更美,不好的伴奏将破坏音乐气氛,使学生的歌声索然无味。因此,教师要精心练好伴奏,使伴奏真正发挥其作用。另外,教师在准备伴奏时还应多练会几个调,以适应学生唱歌时的需要。在歌唱方面存在明显缺陷的学生,常被说成"五音不全""音盲"等,这些学生常被教师所忽视,但他们也应享有学习音乐的权利。因此,在教学中要多对这些学生关心指导多从精神上鼓励,课外耐心地辅导,切不可简单批评或不准唱。

(2)器乐教学法

课堂器乐教学的方法包括乐器演奏教学法和器乐合奏教学法。

每种乐器都有自己的演奏方法,教师要根据乐器的演奏特点传授演奏方法。需注意的是:

讲解乐器的演奏要领时要简单、明确、易懂,以便于掌握,有时还需要"分解"讲解和示范,例如八孔竖笛中的运指与运气。先易后难,循序渐进,不可过快过急。多鼓励,多启发,引导学生克服学习上的困难。教师娴熟的范奏,会带给学生直接的审美感受,激发学生的积极性。

合奏的教学法应灵活多样,根据年级和乐器的具体情况采取不同的方法。一般应注意以下几点:要培养学生遵守纪律、听从指挥的好习惯,训练中要有严格的要求,并切实加以督促实行。分部练习与合奏练习相结合,一般是先分后合,分部练习时也可以将唱、奏结合起来。要引导学生善于倾听合奏的整体效果,追求整体的和谐、统一,不要只注意自己演奏的部分。同时教师也要对不和谐的演奏迅速做出反应,以便有针对性地耐心指导。

(3)欣赏教学法

音乐欣赏教学的过程,往往受教学内容、教学类型、教学形式等因素的影响。因此,教学过程不可能千篇一律,其表现形式丰富多彩、千变万化。一般说来,其过程可分为三个阶段:初步感知阶段、情感体验阶段和理解提高阶段。初步感知阶段的学习任务是使学生对音乐作品有个初步的、完整的印象。为使学生有效地感知音乐,教师常用谈话法或讲述法对音乐作品的题材、内容、体裁、风格、情绪等方面做初步介绍,也可设置疑问,引导学生对作品中的重点内容作较为深入的体验。在此阶段中,教师要激发学生的兴趣,集中学生的注意力。情感体验阶段的任务是通过反复聆听作品或作品的某些片段,对音乐作品的节奏、旋律、和声、调性、曲式等音乐要素作深入地探讨,围绕音乐的情感及其变化进行联想和想象,使学生深入地认识音乐作品的内容美、形式美、情绪美、表现美,进而提高他们的音乐鉴赏能力。理解提高阶段的任务是使学生全面地理解音乐作品的内涵,深入地感受作品美的本质。这是音乐欣赏的提高和深化的过程,是较高层次的审美过程。高中阶段的欣赏教学,要逐步引导学生进行这种较高层次的音乐审美欣赏。

音乐是听觉的艺术,欣赏教学的每一个环节都离不开听。初听、复听,以听为本。在每一次聆听前,教师都要提出不同的要求,不要让学生漫无目的地复听。引导学生将生活经验和音乐的表现手段联系起来,这是启发学生想象、联想的关键。生动形象的语言、故事、诗歌、富有意境的图画、录像等,都能在学生的生活经验及感受、理解音乐之间架起联想、想象的桥梁。对音乐的欣赏需要反复地进行,在反复中进行分析、比较。通过分析,掌握乐曲的主题,认识主体的对比、发展与变化,辨认乐曲的曲式结构等,对学生来说是十分必要的。比较法可以使学生尽快地将音乐表现手段与音乐情绪联系在一起,例如:将同类的音乐表现手段作比较,以显示音乐情感的差异性;用不同情感的音乐作对比以显示音乐表现手段的重要意义。乐曲的主题是音乐的精华,常给人留下深刻的印象。欣赏教学中让学生熟悉、背记乐曲的主题或片段,是一个很重要的教学方法。在具备一定识谱能力的条件下,可与视唱教学结合进行,也可用听唱法进行。

(4)创作教学法

创作教学是一个具有基础音乐教育体系特征的新的教学领域,它同专业音乐教育领域中的"作曲"有着根本的区别。前者——即兴创作的特点是"即兴",是表现性、模拟性的口头创编,不需要形成文本,也不必经过提前准备。后者——音乐创作是经过构思运用一定手段进行的音乐创作活动,学习结果体现为文本形式。它虽然有构思、记谱的方式,同作曲很相似,但由于其目的主要是引导学生进行创作体验,提高创造意识,挖掘创作潜能,因此,区别于专业音乐创作注重作曲水准的方式。

声音模仿用噪音表现出生活中的各种声音和自然界中各种动物的叫声及各种音响的节奏、音高、音色、强弱等。节奏问答教师用节奏作问句,学生自由地用不同的节奏回答,问答可以在教师和学生之间进行,也可以在学生之间进行。曲调问答教师唱出或奏出旋律上句,由学生接唱下句;教师唱出或奏出一个不完整的乐句,由学生补充完成;教师唱出或奏出一个乐句后,学生进行同向或反向的模仿。创编歌词一般是结合感受鉴赏和表现来进行。比如聆听了一段音乐即兴为其填词,学了一首歌曲后为其续填歌词等。往往结合演唱教学进行。如在学会一首新歌后，启发引导学生依据歌曲的主题、意境即兴创编适当的表演动作。即兴创作，关键在于即兴。在具体的教学中，教师不必过于拘泥于形式和看重结果，主要目标应放在培养与锻炼学生的创造意识上。

教师指定情绪、意境，由学生独立创作节奏谱。或由学生自己设计情绪、意境，然后独立创作节奏谱。提供一个乐句，让学生用它做成一段曲调，进而让学生练习为原曲做变奏或者是乐句的填充。引导学生为歌词编写旋律时，务必要使学生领会歌词的内容、情感、意境，注意研究歌词的韵律和抑扬顿挫，以便认识其情绪特点及节奏特点。此外，在作曲时要注意调式、曲式、音域等问题。

创作教学要着眼于学生创造力的培养由于学生能力和水平有限，不可能创作出十分像样的作品，但它发展了学生的创造精神和能力，这就是创作教学要达到的主要目的。因此，不能以作曲技能的高低作为衡量创作教学质量的依据。掌握必要的音乐知识及音乐技能，懂得一些作曲的技法，具备感受音乐、理解音乐、表现音乐的能力，这都是不断发展学生创作能力的基础。因此，教师要有计划、有步骤地安排教学内容，避免拔苗助长，一蹴而就的教学方式。普通音乐教育中的创作教学既要进行音乐的创作活动，又要使学生感到轻松愉快，力所能及。教师要从学生的实际出发，尽量降低技术难度。

(5)音乐基础知识和技能教学法

讲授法是传授知识最基本的教学方法。讲授必须准确、鲜明、生动，避免枯燥、平淡的讲述，讲授的内容要有科学性，要抓住重点、难点和关键。讲授要从感性入手，尽量与活生生的音乐作品联系起来，比如讲二拍子与三拍子的强弱规律，可先让学生聆听或唱、奏两首节拍强弱关系十分鲜明的短小作品，然后简单归纳，其教学效果自然比单纯的讲解要理想得多。视觉与听觉的结合，是音乐教学中直观性的体现。利用直观、通感原理，发挥视觉手段的作用，使视听相结合，如多媒体手段的运用，对于学生学习、理解音乐知识非常有效。对比法将适当的教学内容联系起来加以对比，可以使学生获得更加清晰的印象。例如听乐音与噪音、高音与低音、四分音符与八分音符,2/4拍与3/4拍等。通过对比,学生可以得到更直观的认识,对知识的理解也更加明白。

在音乐实践活动中学习基本技能。如在唱歌教学、欣赏教学中练习识谱,训练学生的听音能力。知识与技能教学融合进行。不要将学生的主要注意力引向知识教学,可在歌唱、欣赏等教学中穿插进行。

2.音乐教学方法的选择

(1)选择教法要因内容而异

每类教学方法都有自己独特的功能与作用。教师选择教法时,要根据具体的内容、目标、条件及教学活动方式,恰当地选择教学方法。一般说来,技能教学需采用讲授、演示、模仿、观摩、练习等方法;欣赏教学可采用听赏、感知、体验、讨论、分析、比较、归纳等方法;基础知识教学可选择讲授、讨论、问答、练习等方法。

(2)选择教法要因人而异

学生的个性、能力、基础各异,音乐方面的个性差异尤为明显,各年龄段的学生在心理、生理方面也存在着巨大差异,因此,教学方法的运用必须充分注意适应不同的年龄特征,针对每个学生的不同情况进行具体的指导。同时,教师在选择教学方法时要充分发挥自己的能动作用和特长,进行创造性的教学实践。

(3)教学方法要交融并用

单一的刺激容易产生疲劳,教师要调动学生多种感官参与教学活动,提高学生的积极性与教学效果,就必须采用多种教学方法。因为每一种教学方法各有自己的特性、作用以及局限性,采用交融并用的方式,可以最大限度地满足教学内容的需要,调动学生多种感官参与,激发学生的学习热情。

第二章　高中音乐鉴赏课堂设计

第一节　高中音乐鉴赏课堂的教学程序

一、音乐基础知识教学

教师通过播放一些优美动听的音乐作品,或者讲述一些音乐的故事和背景,引起学生的好奇心和兴趣。邀请一些音乐家或音乐专家来到课堂上,与学生分享音乐的魅力和美好,让学生感受到音乐的魅力,从而激发他们对音乐的兴趣。在音乐鉴赏课堂中,教师需要注重音乐基础知识的系统性和完整性。音乐基础知识包括音乐的基本概念、音乐的基本元素、音乐的基本理论等,这些知识相互联系、相互作用,构成了音乐的基础框架。教师需要将这些知识有机地结合起来,形成一个系统完整的知识体系,让学生能够全面、深入地了解音乐基础知识。采用多种教学手段,如讲解、示范、演示、实践等,帮助学生掌握音乐基础知识。通过讲解的方式向学生介绍音乐的基本概念和基本理论,通过示范的方式向学生展示音乐的基本元素和表现形式,通过演示的方式向学生演奏一些音乐作品,通过实践的方式让学生亲自参与音乐创作和表演等。学生不仅可以听到、看到、理解音乐基础知识,还可以亲自实践、体验音乐,从而更加深入地理解和掌握音乐基础知识。

二、音乐鉴赏技巧教学

学生通过分析音乐的结构来理解作品的整体布局和发展过程。教师引导学生从乐曲的主题、旋律、和声、节奏等方面入手,分析乐曲的整体结构和各个部分之间的关系,帮助他们更好地理解音乐作品的内在逻辑。音乐作品通过各种表现手法来表达作曲家的情感和思想,学生通过分析音乐的表现手法来理解作品的内涵和情感表达[①]。教师引导学生从音乐的动态、音色、节奏、速度等方面入手,分析作品中所运用的各种表现手法,帮助他们更好地领会作品的情感和意境。教师可以教授学生如何分析音乐的历史背景和风格特点。音乐作品的创作都受到当时的历史背景和风格特点的影响,学生通过分析音乐的历史背景和风格特点来理解作品的时代特征和风格特色。引导学生了解作曲家的生平和创作背景,分析作品所处的历史时期和所代表的音乐风格,帮助他们更好地理解作品的文化内涵和艺术特点。音乐作品与其他学科如文学、绘画、舞蹈等有着密切的联系,学生通过跨学科的音乐鉴赏来深化对音乐作品的理解和欣赏。引导学生通过比较音乐作品与文学作品、绘画作品等的异同,帮助他们更好地理解作品的艺术内涵和文化价值。在教授音乐鉴赏技巧时,教师需要注重培养学生的主动性和批判性思维。学生通过自主学习和积极思考来提高音乐鉴赏的能力,教师引导学生进行小组讨论、课堂展示等形式,激发学生的学习兴趣和参与度。通过布置音乐鉴赏作业、组织音乐鉴赏比赛等方式,激励学生主动学习和提高音乐鉴赏能力。

三、音乐鉴赏实践教学

通过音乐鉴赏实践教学,使学生能够辨别不同风格、不同流派的音乐作品,提高他们的音乐鉴赏能力和水平。通过音乐鉴赏实践教学使学生能够欣赏到不同类型的音乐作品,培养他们的审美情趣和情感体验能力。通过音乐鉴赏实践教学使学生能够通过音乐作品表达自己的情感和思想,提高他们的音乐表达能力。古典音乐、民族音乐、流行音乐等不同类型的音乐作品的欣赏,使学生能够了解和欣赏不同类型的音乐作品。音乐作品的结构、旋律、和声、节奏等方面的分析,使学生能够深入了解音乐作品的内在结构和特点。学生通过音乐作品表达自己的情感和思想,使学生能够通过音乐作品表达自己的情感和思想。通过听音乐作品,使学生能够直观地感受音乐作品的魅力和韵味,提高他们的音乐

---

① 贺小艺.高中音乐鉴赏中融入多元文化的作用初探[J].中国文艺家,2019,(08):154.

欣赏能力。通过分析音乐作品的结构、旋律、和声、节奏等方面,使学生能够深入了解音乐作品的内在结构和特点。通过比较不同类型、不同风格的音乐作品,使学生能够辨别不同风格、不同流派的音乐作品,提高他们的音乐鉴赏能力。通过考查学生对不同类型、不同风格的音乐作品的欣赏能力,评价学生的音乐欣赏水平。通过考查学生对音乐作品结构、旋律、和声、节奏等方面的分析能力,评价学生的音乐分析水平。通过考查学生通过音乐作品表达自己的情感和思想的能力,评价学生的音乐表达水平。通过考查学生对不同类型、不同风格的音乐作品的辨别能力,评价学生的音乐鉴赏水平。

第二节　高中音乐鉴赏课堂的教学技能

一、理论知识教学技能

如果学生对音乐没有兴趣,那么他们就很难去深入理解音乐的内涵,教师通过播放一些优秀的音乐作品,或者讲述一些有趣的音乐故事来吸引学生的注意力,让他们对音乐产生浓厚的兴趣。音乐鉴赏是一门需要系统性学习的学科,如果学生只是零散地了解一些音乐知识,那么他们就很难建立起对音乐的整体认识。教师通过讲解音乐的基本概念、音乐的发展历程、音乐的基本理论等内容,让学生建立起对音乐的系统性认识[1]。音乐鉴赏是一门需要多方面知识的学科,如果教师只是单一地灌输一些理论知识,那么学生就很难建立起对音乐的全面认识。教师可以通过讲解音乐的不同类型、不同风格、不同流派等内容,让学生了解到音乐的多样性,从而加深对音乐的理解。音乐鉴赏是一门需要学生主动思考和探索的学科,如果教师只是单纯地灌输一些理论知识,那么学生就很难形成自己独立的音乐观点。教师可以通过提出一些问题、引导学生进行讨论、鼓励学生表达自己的观点等方式来帮助学生形成自己独立的音乐观点。

---

[1]刘芳. 高校音乐鉴赏课多元音乐文化的融入[J]. 戏剧之家,2020,(33):105-106.

二、音乐作品分析教学技能

通过听音乐作品,学生直观地感受音乐的魅力,了解音乐的表现手法和情感表达。

通过读乐谱学生可以了解音乐的结构和形式,掌握音乐的基本知识。通过讨论学生交流自己对音乐作品的理解和感受,拓宽视野,增进认识。通过比较不同风格、不同作曲家的音乐作品,学生可以了解音乐的多样性,提高鉴赏能力。在音乐作品分析教学中,教师可以通过介绍音乐作品的背景、故事、作曲家的生平等方式,激发学生对音乐的兴趣,引导学生主动参与音乐作品分析。在音乐作品分析教学中,通过提问、讨论等方式,引导学生主动思考,培养学生的批判性思维和创造性思维。在音乐作品分析教学中,教师组织学生进行实践活动,如演奏、合唱、创作等,让学生亲身体验音乐的魅力,提高其音乐表达能力。在音乐作品分析教学中利用多媒体技术,如投影仪、音响设备等,播放音乐作品的录音、视频,让学生直观地感受音乐的魅力。在音乐作品分析教学中,教师可以组织学生进行小组讨论、合作演奏等活动,培养学生的团队合作能力。

三、互动教学技能

在课堂上,老师通过问答和竞赛的形式,对学生进行音乐知识的测试和巩固。老师提出一些音乐知识问题,让学生进行回答,或者组织学生进行小组竞赛。通过这种方式激发学生的学习兴趣,增强学生对音乐知识的记忆和理解。在音乐鉴赏课堂上,组织学生进行音乐作品的创意展示。学生根据自己的兴趣和特长,进行一些音乐作品的创意展示,比如音乐演奏、音乐视频制作、音乐舞蹈表演等。通过这种方式激发学生的创造力,提高学生的音乐表现能力。在音乐鉴赏课堂上,老师可以组织学生进行音乐作品的实践演练。老师可以教授学生一些简单的音乐乐器演奏技巧,让学生进行实践演练。通过这种方式增强学生对音乐作品的理解和体验,提高学生的音乐表演能力。

四、多媒体教学技能

多媒体教学通过图像、声音等形式展现丰富的信息,使学生更加直观地理解音乐知识。多媒体教学通过互动的方式激发学生的学习兴趣,提高他们的学习积极性。多媒体教学可以根据学生的不同需求进行个性化教学,满足不同学生的学习需求。音乐视频是一种生动形象的教学资源,可以帮助学生更好地理解音乐。选择一些经典的音乐视频,向学生展示不同风格、不同时期的音乐作品,让学生通过观看视频来感受音乐的魅力。通过视频分析音乐的节奏、旋律、和声等要素,帮助学生更深入地理解音乐。选择一些音乐家的图片,向学生介绍他们的生平和音乐成就,让学生通过图片了解音乐家的形象和音乐作品的背景。教师还可以通过图片展示音乐乐谱、乐器等内容,帮助学生更好地理解音乐的基本知识。选择一些音乐软件,让学生通过软件进行音乐创作、音乐演奏等活动,提高他们的音乐技能和音乐表达能力。通过软件进行音乐游戏、音乐测验等活动,激发学生的学习兴趣,提高他们的学习效果。选择一些音乐网站,让学生通过网站获取音乐资料、音乐新闻等内容,拓展他们的音乐视野。通过网站进行音乐欣赏、音乐评论等活动,让学生通过网络交流,分享自己的音乐体验和见解。

  教师在进行多媒体教学时,应根据教学内容和学生的学习需求,合理选择教学资源。教师可以选择一些生动形象的音乐视频、音乐图片,让学生更加直观地理解音乐。教师还可以选择一些交互性强的音乐软件、音乐网站,让学生更好地参与到音乐学习中。通过音乐视频、音乐图片展示音乐作品的演出过程、音乐家的形象等内容,让学生更加直观地感受音乐的魅力。通过音乐软件、音乐网站进行音乐创作、音乐欣赏等活动,激发学生的学习兴趣。通过音乐视频、音乐图片展示音乐作品的表现形式、音乐家的创作思路等内容,引导学生进行深入分析和思考。通过音乐软件、音乐网站进行音乐创作、音乐评论等活动,培养学生的音乐表达能力和音乐鉴赏能力。

  通过观察学生的学习兴趣,评价多媒体教学的效果。如果学生对音乐视频、音乐图片等教学资源表现出浓厚的兴趣,那么说明多媒体教学取得了良好的效果。通过学生的学习成绩,评价多媒体教学的效果。如果学生在音乐创作、音乐演奏等活动中取得了较好的成绩,那么说明多媒体教学取得了良好的效果。通过学生的学习反馈,评价多媒体教学的效果。如果学生对音乐视频、音乐软件等教学资源表现出积极的反馈,那么说明多媒体教学取得了良好的效果。

第三节 高中音乐鉴赏课堂的音乐感受与要素分析

一、高中音乐鉴赏课堂的音乐感受分析

教师可以播放音乐作品,让学生全神贯注地聆听。在听音乐的过程中,学生可以尝试用心感受音乐的情感表达和内涵,体会音乐所传达的情感和意境。教师播放不同版本的同一首音乐作品,让学生比较不同版本之间的差异。通过比较不同版本,学生更深入地理解音乐作品的特点和情感表达[1]。鼓励学生分享自己对音乐作品的感受和理解。通过分享个人感受,学生从不同的角度来理解音乐作品,拓展自己的音乐视野。布置创作表达作业,让学生通过自己的创作来表达对音乐作品的理解和感受。通过创作表达作业,学生更深入地理解音乐作品的情感表达和内涵。

二、高中音乐鉴赏课堂的音乐要素分析

在音乐鉴赏课堂上,学生可以通过分析旋律的音高、音程、音符的运动方式等来理解音乐作品的旋律特点。学生可以分析旋律的音域,即音乐中所包含的音高范围,以及旋律的音程,即相邻音符之间的距离。此外,学生还可以分析旋律的运动方式,包括上升、下降、徘徊等,以及旋律的节奏特点,如快慢、轻重等。通过对旋律的分析,学生可以更好地理解音乐作品的旋律特点和表现形式。在音乐鉴赏课堂上,学生可以通过分析节奏的速度、节拍、节奏型等来理解音乐作品的节奏特点。学生可以分析节奏的速度,即音乐的快慢程度,以及节拍的强弱,音乐中重要的节拍和次要的节拍。学生还可以分析节奏的型式,包括拍子的组合方式、

[1]戴泽曼. 刍议高中音乐鉴赏与多元文化的融入[J]. 考试周刊,2019,(43):179.

节奏的分解和组合等。通过对节奏的分析,学生更好地理解音乐作品的节奏特点和表现形式。在音乐鉴赏课堂上,学生可以通过分析和声的音程、和声的和谐性、和声的变化等来理解音乐作品的和声特点。学生可以分析和声的音程,即和声中不同音符之间的距离,以及和声的和谐性,和声中不同音符之间的和谐关系。学生可以分析和声的变化,包括和声的转调、和声的变奏等。通过对和声的分析,学生可以更好地理解音乐作品的和声特点和表现形式。

在音乐鉴赏课堂上,学生通过分析音色的种类、音色的变化、音色的组合等来理解音乐作品的音色特点。学生分析音色的种类,即音乐中所使用的不同乐器或声音的种类,以及音色的变化,音乐中不同音色之间的变化和转换。学生可以分析音色的组合,包括音色的混合、音色的对比等。通过对音色的分析学生更好地理解音乐作品的音色特点和表现形式。在音乐鉴赏课堂上学生通过分析表现力的情感、表现力的意境、表现力的变化等来理解音乐作品的表现力特点。学生分析表现力的情感,即音乐中所表现的情感特点,以及表现力的意境,音乐中所表现的意境特点。学生分析表现力的变化,包括表现力的转折、表现力的高潮等。通过对表现力的分析,学生更好地理解音乐作品的表现力特点和表现形式。

第四节　高中音乐鉴赏课堂的知识面拓展

在高中音乐鉴赏课堂上,通过引导学生多元化的音乐欣赏来拓展知识面。传统的音乐鉴赏课程通常以古典音乐为主,但现代音乐的发展已经非常丰富多样,包括流行音乐、民族音乐、电子音乐等各种类型。教师可以引导学生欣赏不同类型的音乐,让他们了解不同音乐风格的特点和发展历程,帮助学生建立更加全面的音乐知识体系,提高他们的音乐鉴赏能力[1]。为了拓展学生的音乐知识面,教师可以组织学生参加音乐文

---

[1]张金华. 高中音乐鉴赏中多元文化的合理应用[J]. 启迪与智慧(中),2020,(02):64-65.

化交流活动,包括参观音乐会、音乐展览、音乐节等,让学生亲身感受音乐的魅力,了解不同地区和文化背景下的音乐表现形式。邀请音乐专家或音乐家来学校进行讲座或演出,让学生有机会与专业人士交流,深入了解音乐的内涵和发展。通过音乐创作,学生可以更深入地了解音乐的构成要素和表现形式,培养他们的音乐审美能力和创造力。组织学生进行音乐创作比赛,鼓励他们发挥想象力,创作出具有个性和创新的音乐作品,激发学生对音乐的兴趣,培养他们的音乐才华和创作能力。音乐与其他学科如历史、文学、艺术等有着密切的联系,通过跨学科教学可以帮助学生更全面地了解音乐的历史渊源、文化内涵和艺术表现形式。在音乐鉴赏课堂上,教师可以结合历史背景介绍音乐作品的创作背景和时代特点;也可以结合文学作品分析音乐作品的情感表达和意义内涵,帮助学生建立更加完整的音乐知识体系,提高他们的综合素养。在高中音乐鉴赏课堂上,教师可以利用多媒体技术进行音乐教学,拓展学生的音乐知识面。多媒体技术可以帮助教师更生动地呈现音乐作品和音乐历史,让学生通过视听的方式更直观地了解音乐的表现形式和艺术特点。利用多媒体资源播放不同类型的音乐作品,让学生欣赏不同风格的音乐,利用多媒体技术展示音乐家的生平和创作成就,让学生了解音乐作品的创作背景和艺术价值,帮助学生更好地理解和欣赏音乐,提高他们的音乐鉴赏能力。音乐实践是学生将音乐知识运用到实际中的重要途径,可以帮助他们更深入地理解音乐的表现形式和艺术特点。教师可以组织学生参加合唱团、乐队、音乐剧等音乐表演活动,让他们通过实际演出体验音乐的魅力和表现形式。鼓励学生参加音乐比赛、音乐考级等活动,提高他们的音乐技能和表现能力,帮助学生更全面地了解音乐,提高他们的音乐素养和综合能力。

  为了拓展学生的音乐知识面,教师可以建立音乐资源库,为学生提供丰富的音乐资源。音乐资源库可以包括音乐作品的录音、视频、乐谱、资料等,让学生可以随时随地获取到所需的音乐资源。根据教学内容和学生需求,精心筛选和整理音乐资源,为学生提供多样化的音乐欣赏和学习材料。鼓励学生积极利用音乐资源库进行自主学习和研究,提高他们的自主学习能力和综合素养,帮助学生更全面地了解音乐,提高他们的音乐鉴赏能力和综合能力。音乐审美是学生对音乐作品的欣赏和评价能力,是音乐鉴赏课程的核心内容。教师通过多种方式培养学生的音乐审美情趣,例如引导学生欣赏不同类型的音乐作品、讨论音乐作品的表现形式和艺术特点、分析音乐作品的情感表达和意义内涵等。组织学生进行音乐作品的创作和表演,让他们通过实际操作来感受音乐的魅力和表现形式,帮助学生更全面地了解音乐,提高他们的音乐鉴赏能力和综合能力。

第五节　高中音乐鉴赏课堂的兴趣创造

在音乐鉴赏课堂中,选取一些生动有趣的教材,如音乐作品、音乐视频、音乐纪录片等,来吸引学生的注意力。通过这些教材的展示和讲解,可以让学生更加直观地感受音乐的魅力,从而激发他们对音乐鉴赏的兴趣。在音乐鉴赏课堂中,引导学生参与各种课堂活动,如听音乐、分析音乐、讨论音乐等。通过这些活动让学生更加深入地了解音乐作品的内涵和艺术特点,从而增强他们对音乐鉴赏的兴趣[①]。组织学生进行音乐作品的演奏和表演,让学生亲身体验音乐的魅力,从而激发他们对音乐的热爱和热情。展多样化的教学活动,如听音乐、分析音乐、讨论音乐、写作音乐评论等。通过这些活动让学生从不同的角度去感受音乐,从而增强他们对音乐鉴赏的兴趣。邀请专业音乐人士来进行讲座和演示,让学生更加深入地了解音乐的艺术特点和表现形式,从而激发他们对音乐的热爱和热情。在音乐鉴赏课堂中,教师需要关注学生的个性特点,根据不同学生的兴趣和爱好来设计教学内容和活动。对于喜欢流行音乐的学生,选取一些与流行音乐相关的音乐作品来进行讲解和分析。对于喜欢古典音乐的学生,选取一些具有代表性的古典音乐作品来进行讲解和

---

① 郝海燕.高校音乐鉴赏课如何融入多元音乐文化[J].文教资料,2020,(04):112-113.

分析。通过这样的方式让学生更加主动地参与到音乐鉴赏课堂中,从而增强他们对音乐鉴赏的兴趣。

  注重学生的情感体验和情感交流,让学生从音乐中感受到美的力量和情感的共鸣。教师可以通过讲解音乐作品的背景故事和情感内涵,引导学生去感受音乐的情感表达和情感交流。组织学生进行情感交流和情感表达,让他们分享自己对音乐的感受和体会,从而增强他们对音乐鉴赏的兴趣。在音乐鉴赏课堂中,教师需要创设轻松愉快的课堂氛围,让学生在放松的状态下去感受音乐的魅力。通过讲述一些有趣的音乐故事和趣闻,引导学生进行音乐游戏和音乐趣味活动,让学生在愉快的氛围中去感受音乐的美好。通过这样的方式让学生更加主动地参与到音乐鉴赏课堂中,从而增强他们对音乐鉴赏的兴趣。鼓励学生进行自主学习和自主探究,让他们根据自己的兴趣和爱好去深入了解音乐作品的内涵和艺术特点。教师引导学生进行音乐作品的独立分析和独立评论,让他们通过自己的努力和探索去感受音乐的魅力。通过这样的方式让学生更加深入地了解音乐的艺术特点和表现形式,增强他们对音乐鉴赏的兴趣。

第三章 多元文化音乐教育

第一节 高中音乐课程多元文化教育的内涵及价值

一、高中音乐课程多元文化教育的内涵

在音乐教学中引入不同文化的音乐作品,让学生了解和欣赏不同文化的音乐风格和传统,促进跨文化交流和理解。组织学生参加多元文化音乐活动,如音乐会、音乐节等,让学生亲身体验不同文化的音乐,增强跨文化意识和能力[①]。开展多元文化音乐研究课题,让学生深入了解不同文化的音乐特点和价值观,培养学生的研究能力和批判思维。鼓励学生进行多元文化音乐创作,让他们通过音乐表达自己对不同文化的理解和感受,促进跨文化交流和理解。引导学生与不同文化的学生进行音乐交流,分享自己的音乐作品和体验,促进跨文化交流和理解。

二、高中音乐课程多元文化教育的价值

高中音乐课程可以通过音乐作品的选择和教学内容的设计,向学生介绍不同文化的音乐。音乐作为一种语言,能够传达不同文化的价值观、情感和生活方式。通过学习不同文化的音乐作品,学生了解不同文化的特点和传统,增进对其他文化的理解和尊重。学生通过学习非洲鼓乐、印度拉格玛等音乐形式,了解非洲和印度的音乐文化,感受不同文化的魅力和独特性,帮助学生打破对其他文化的陈旧观念和偏见,培养他们的跨文化意识和包容心。高中音乐课程通过音乐活动和演出,促进学

[①] 胡晓悦. 高校音乐鉴赏课如何融入多元音乐文化[J]. 作家天地,2020,(15):175-176.

生之间的跨文化交流和合作。音乐是一种具有普遍性的艺术形式，能够超越语言和文化的障碍，成为不同文化之间交流的桥梁。在音乐课堂上，学生可以通过合唱、合奏等形式，与来自不同文化背景的同学一起演奏音乐作品，体验跨文化的合作和交流，增进学生之间的友谊和团队精神，帮助他们了解其他文化的音乐表现形式和演奏技巧，拓宽他们的视野和经验。

音乐教育应该强调音乐的普遍性和多样性，鼓励学生尊重和欣赏不同文化的音乐，培养他们的包容心和开放态度。在音乐教学中，教师可以引导学生通过比较分析不同文化的音乐作品，了解其共同点和差异，培养他们的批判性思维和文化鉴赏能力。通过音乐教学，向学生介绍世界各地的音乐家和音乐作品，让他们了解不同文化的音乐传统和发展历程，拓宽他们的国际视野和文化视野。

第二节 高中新课标中音乐文化与多元文化的联系

不同的民族、地区、宗教、文化传统都会形成独特的音乐文化，如中国的京剧、西方的古典音乐、非洲的部落音乐等，都是不同文化背景下的音乐表现形式，这些音乐文化反映了不同文化的审美观念、价值观念、生活方式等，是多元文化的重要表现形式。在全球化的今天，不同文化之间的交流和融合日益频繁，各种音乐文化也在相互渗透、相互影响。通过学习不同文化背景下的音乐表现形式，增进对多元文化的理解和尊重[1]。学习中国的古典音乐可以了解中国的传统文化和价值观念。学习非洲的部落音乐可以了解非洲的生活方式和宗教信仰，有助于学生拓宽视野、增进人文素养，培养跨文化交流和合作的能力。

在音乐教育中，学生需要学习不同文化背景下的音乐表现形式，了解不同文化的审美观念、价值观念、生活方式等，从而增进对多元文化的理

---

[1] 王艳萍. 高中音乐鉴赏中融入多元文化的作用[J]. 新课程教学（电子版），2019，(20)：91-92.

解和尊重。在音乐教学中,可以引入中国的古典音乐、西方的古典音乐、非洲的部落音乐等,让学生了解不同文化背景下的音乐文化,拓宽视野,增进人文素养。在音乐教育中,学生需要学习不同文化背景下的音乐表现形式,了解不同文化之间的交流和融合,从而增进对多元文化的理解和尊重。在音乐教学中,可以引入西方古典音乐受到东方音乐的影响,产生了新的音乐形式。拉丁音乐、爵士乐等受到了非洲音乐的影响,形成了独特的风格等案例,让学生了解不同文化之间的交流和融合,培养跨文化交流和合作的能力。在音乐教育中,学生需要学习不同文化背景下的音乐文化,了解不同文化的传统和历史,从而增进对多元文化的理解和尊重。在音乐教学中引入中国的古典音乐、西方的古典音乐、非洲的部落音乐等,让学生了解不同文化的传统和历史,培养对多元文化的尊重和热爱。

第三节 多元文化融入高中音乐鉴赏中的原则

一、尊重多元文化原则

在课程设置上,应该充分考虑不同文化音乐的特点和传统,为学生提供更加全面和多元的音乐鉴赏内容。在教学内容中可以加入非洲鼓乐、印度音乐、中国古典音乐等不同文化背景的音乐作品,让学生在音乐鉴赏中能够接触到不同文化的音乐形式,了解不同文化的音乐特点和魅力。通过这样的方式帮助学生拓宽音乐视野,增强对多元文化的尊重和理解。在教学方法上,应该采用多种形式的教学手段,如听音乐、观音乐、演奏音乐等,让学生通过不同的方式去感受和理解不同文化的音乐。注重引导学生去了解不同文化音乐的背景和意义,帮助学生建立对多元文化音乐的认知和理解。通过多样化的教学方法,激发学生对多元文化音乐的兴趣,提高他们对不同文化音乐的接受度和欣赏能力。在教学实践中,可以通过组织学生参加音乐交流活动、举办跨文化音乐演出等方式,让学生有机会与不同文化背景的音乐人进行交流和合作。通过这样的方式让学生亲身体验不同文化音乐的魅力,增强对多元文化音乐的认知和理解。促进学生之间的交流和合作,培养学生的团队合作精神和跨文化交流能力。教师作为音乐鉴赏教育的主要实施者,应该具备丰富的音乐知识和跨文化交流能力。学校应该加强对音乐教师的培训和引进,提高他们的跨文化音乐鉴赏能力和教学水平。学校也可以邀请国内外知名音乐教育专家来学校进行讲座和指导,为教师提供更加全面和深入的音乐鉴赏教育培训。通过这样的方式,提高教师的跨文化音乐鉴赏能力,为学生提供更加优质和多元的音乐鉴赏教育。

二、平等对待原则

在多元文化融入高中音乐鉴赏的过程中,需要平等对待不同音乐作品,不论其来自何种文化背景,都应该受到平等的对待。只有平等对待不同音乐作品,才能实现平等对待的原则。在多元文化融入高中音乐鉴赏的过程中,需要提倡包容和多样性,鼓励学生接触和欣赏不同文化的音乐作品,不断拓宽自己的音乐视野。在高中音乐鉴赏课程中,选择来自不同国家和地区的音乐作品,如中国的京剧、西方的交响乐、非洲的部落音乐等。通过这些作品,学生可以了解不同文化背景下的音乐风格和特点[1]。在高中音乐鉴赏课程中,可以引入多元文化的音乐活动,如举办国际音乐节、邀请外国音乐家进行交流演出等。通过这些活动,学生可以亲身体验不同文化的音乐,增进对其他文化的理解和尊重。在高中音乐鉴赏课程中,可以运用多元文化的教学资源,如多媒体教学软件、音乐文献、音乐影视作品等。通过这些教学资源,学生更加直观地了解不同文化的音乐,提高审美能力。

三、跨文化交流原则

教师可以通过引导学生比较不同文化音乐的特点、风格和表现形式,帮助他们建立跨文化的认知和理解。通过比较中国古典音乐和西方古典音乐的音乐结构、演奏方式和表达手法,让学生了解不同文化音乐的

---

[1] 许彦彬. 高中音乐鉴赏中融入多元文化的作用初探[J]. 教育艺术,2019,(01):41.

差异和共通之处。邀请来自不同文化背景的音乐家或音乐专家到班级进行讲座或表演,让学生亲身感受不同文化音乐的魅力。多元文化融入高中音乐鉴赏的跨文化交流原则还包括培养学生的跨文化沟通能力。在教学中,教师应该鼓励学生积极参与跨文化交流,包括与来自不同文化背景的同学讨论音乐作品、与外国音乐家进行交流和合作等。通过这样的跨文化交流,学生提高自己的跨文化沟通能力,增进对不同文化音乐的理解和欣赏。通过音乐作品的欣赏和表演,引导学生感受不同文化音乐所传达的情感和情感表达方式。通过播放不同文化音乐的录音或视频,让学生感受到其中所蕴含的情感和情感表达方式,从而增进对不同文化音乐的情感体验和理解。

四、多元审美原则

多元审美观是学生能够欣赏和理解不同文化音乐的能力,包括对不同音乐形式和风格的欣赏、对不同文化音乐的理解和尊重。在教学中,教师可以通过多种方式培养学生的多元审美观,比如组织学生听取不同文化音乐的演出、观看不同文化音乐的视频、讨论不同文化音乐的特点等。通过这些活动,学生逐渐培养出对不同文化音乐的欣赏和理解能力,形成多元审美观。

第四节 多元文化音乐教育存在的问题

目前,许多音乐教育教材都是以西方音乐为主,忽视了其他文化的音乐,导致学生只能接触到有限的音乐形式,无法全面了解世界各地的音乐文化[1]。教育机构和教师需要重新审视教材的选择和编写,确保其中包含多元文化的音乐内容,使学生能够接触到不同文化的音乐,从而增强他们的文化意识和跨文化交流能力。许多音乐教育教师只接受过西方音乐的培训,对其他文化的音乐了解有限,无法有效地教授多元文化

---

[1] 项惠丽. 音乐鉴赏——多元文化视野的音乐欣赏[J]. 明日风尚,2020,(12):125-126.

音乐。由于学生在日常生活中接触到的音乐主要是西方音乐,对其他文化的音乐了解有限,因此可能对多元文化音乐缺乏兴趣和认同感。教育机构和教师需要通过多种方式,如音乐会、音乐节等,让学生接触和体验不同文化的音乐,激发他们的学习兴趣和文化认同感,从而提高多元文化音乐教育的效果。许多学校和教育机构在进行多元文化音乐教育时,缺乏相关的教育资源,如音乐器材、音乐书籍等,无法有效地开展多元文化音乐教育。

第四章　高中音乐鉴赏课与多元文化的融合途径

第一节　多元文化与课程内容相结合

教师选择来自不同文化背景的音乐作品,例如非洲音乐、拉丁音乐、印度音乐等,让学生了解不同文化背景下的音乐风格和特点。邀请来自不同文化背景的音乐家或音乐专家来进行讲座或表演,让学生亲身感受不同文化音乐的魅力。组织学生进行多元文化音乐作品的欣赏和分析,让他们了解不同文化音乐的表现形式和艺术特点。组织学生进行跨文化音乐交流活动,让他们与外国学生或音乐团体进行音乐交流和合作,共同演奏或演唱不同文化音乐作品。组织学生进行跨文化音乐实践活动,让他们亲自体验和学习不同文化音乐的演奏技巧和表现方式。通过这些活动,学生更好地了解和欣赏不同文化音乐,同时也能够促进他们的跨文化交流能力和团队合作能力[1]。组织学生进行多元文化音乐作品的创作活动,让他们结合不同文化音乐元素,创作出具有跨文化特色的音乐作品。组织学生进行多元文化音乐作品的表演活动,让他们在校园或社区进行音乐表演,展示自己对多元文化音乐的理解和创作成果。通过这些活动,学生更好地体验和表达多元文化音乐的魅力,同时也能够培养他们的音乐创作能力和表演能力。

　　组织学生进行多元文化音乐作品的研究活动,让他们选择感兴趣的音乐作品进行深入研究,了解其创作背景、演奏技巧和表现形式。组织学生进行多元文化音乐作品的探讨活动,让他们在课堂上进行讨论和交流,分享自己对不同文化音乐的理解和感受。通过这些活动,学生更好

---

[1]唐方方.多元文化视角下的音乐鉴赏方法浅析[J].喜剧世界(下半月),2020,(06):46-47.

地理解和欣赏不同文化音乐的艺术魅力,同时也能够培养他们的批判性思维能力和表达能力。组织学生进行多元文化音乐作品的评价活动,让他们通过听音乐、观赏音乐视频等方式来评价不同文化音乐作品的艺术特点和表现形式。引导学生进行多元文化音乐作品的鉴赏活动,让他们通过分析音乐作品的结构、旋律、节奏等要素来深入理解和欣赏不同文化音乐的艺术魅力。通过这些活动,学生更好地培养自己的审美情趣和鉴赏能力,同时也能够提高他们对多元文化音乐的认识和理解。组织学生进行多元文化音乐作品的演奏活动,让他们通过合唱、乐器演奏等方式来演奏不同文化音乐作品,体验不同文化音乐的表现形式和艺术特点。组织学生进行多元文化音乐作品的创作活动,让他们结合不同文化音乐元素,创作出具有跨文化特色的音乐作品,体验不同文化音乐的创作过程和表现方式。通过这些活动,学生可以更好地理解和欣赏不同文化音乐的艺术魅力,同时也能够培养他们的音乐实践能力和创造能力。

第二节 以音乐为媒介培养学生的文化鉴赏能力

一、音乐史和流派

通过学习音乐史,学生可以了解音乐的发展历程和不同时期的音乐特点。音乐史的学习帮助学生了解音乐是如何从古代发展至今的,以及不同历史时期的音乐风格和特点。通过了解音乐史,学生更好地理解不同音乐作品的背景和内涵,从而提高他们的文化鉴赏能力[1]。不同的音乐流派代表着不同的音乐风格和特点,通过学习不同的音乐流派,学生了解不同音乐风格的特点和发展历程。音乐流派的学习帮助学生更好地理解不同类型的音乐作品,从而提高他们的文化鉴赏能力。

---

[1] 苏庆学.论多元文化视野的音乐欣赏[J].当代音乐,2019,(06):157-158.

二、音乐作品欣赏

在高中音乐鉴赏课中,学生将学习如何通过音乐作品来理解和欣赏不同的文化。音乐作品是一种文化的表达方式,通过音乐作品,我们可以了解不同文化的特点和特色。在这门课程中,学生将学习如何通过音乐作品来了解不同文化的特点,比如不同国家和地区的音乐风格、音乐传统等。通过对不同文化的音乐作品的欣赏,学生将能够更好地理解和欣赏不同文化的艺术表达方式,从而提高自己的文化鉴赏能力。学生也将学习如何分析和评价音乐作品的艺术价值。音乐作品是一种艺术形式,通过音乐作品,我们可以感受到艺术家的情感和思想。在这门课程中,学生将学习如何通过音乐作品来分析和评价艺术家的创作技巧、情感表达等方面的艺术价值。通过对音乐作品的分析和评价,学生将能够更好地理解和欣赏音乐作品的艺术魅力,从而提高自己的文化鉴赏能力。通过高中音乐鉴赏课,学生将能够培养自己的审美能力,提高自己的文化素养。音乐作品是一种审美的对象,通过对音乐作品的欣赏,我们可以提高自己的审美能力。学生将学习如何通过音乐作品来培养自己的审美能力,比如如何欣赏音乐作品的美感、情感表达等方面。通过对音乐作品的欣赏,学生将能够提高自己的审美能力,从而更好地欣赏和理解艺术作品。通过高中音乐鉴赏课,学生也将能够提高自己的文化素养。音乐作品是一种文化的表达方式,通过对音乐作品的欣赏,我们可以了解不同文化的特点和特色。学生将学习如何通过音乐作品来提高自己的文化素养,比如如何了解不同国家和地区的音乐风格、音乐传统等。通过对音乐作品的欣赏,学生将能够更好地理解和欣赏不同文化的艺术表达方式,从而提高自己的文化素养。

第三节 利用多学科的渗透扩展课程内容的丰富度

一、文学与音乐

音乐作品并不是孤立存在的,往往与文学作品、历史事件、社会背景等紧密相连。在音乐鉴赏课中结合文学作品和音乐作品,可以让学生更全面地理解音乐作品,同时也能够拓展学生的文学素养和审美情感。通过阅读文学作品,了解作品背后的故事和情感,然后通过音乐作品的欣赏,体会音乐家如何通过音乐表达相似的情感和主题,增强学生对音乐的理解和欣赏能力,培养学生的文学素养和审美情感。通过阅读文学作品,了解作品背后的故事和情感,可以让学生更深入地理解音乐作品。文学作品往往包含丰富的情感和故事情节,通过阅读文学作品,学生了解作品中所表达的情感和主题,以及作品背后的故事和历史背景。

通过音乐作品的欣赏,体会音乐家如何通过音乐表达相似的情感和主题,让学生更全面地理解音乐作品。音乐作品是音乐家对生活、情感和思想的表达,通过音乐作品的欣赏,学生可以感受到音乐家所表达的情感和主题。结合文学作品和音乐作品的教学方式可以拓展学生的文学素养和审美情感[1]。文学作品和音乐作品都是人类文化的重要组成部分,通过结合文学作品和音乐作品的教学方式,让学生在音乐鉴赏课上不仅学习音乐,拓展自己的文学素养和审美情感。通过阅读文学作品学生可解到不同的文学风格和文学作品中所表达的情感和主题,通过音乐作品的欣赏学生感受到音乐家对生活、情感和思想的表达,让学生在音乐鉴赏课上不仅学习音乐,拓展自己的文学素养和审美情感,从而更全面地提高学生的综合素养。

二、艺术与音乐

艺术作品是艺术家对于生活、情感和自然的表达,通过绘画、雕塑等形式,艺术家可以表达自己对于世界的看法和感受。一幅绘画作品可以通过色彩、线条和构图来表达艺术家对于自然景观的感受,或者对于人物情感的描绘。通过欣赏艺术作品,学生可以了解艺术家的创作背景和艺术风格,从而更好地理解艺术作品所表达的情感和主题。在音乐鉴赏课中,教师可以通过欣赏艺术作品来引导学生思考音乐作品中的情感和

---

[1] 孙海钰. 音乐教学中的音乐鉴赏生态化课程的构建[J]. 艺术教育,2020,(06):73-76.

主题。选取一幅绘画作品,让学生描述作品中所表达的情感和主题,然后再播放一首音乐作品,让学生体会音乐家如何通过音乐表达类似的情感和主题。通过比较艺术作品和音乐作品,学生更加深入地理解音乐作品中所表达的情感和主题,从而提高他们的音乐欣赏能力和审美情趣。引导学生欣赏其他形式的艺术作品,比如摄影、建筑等。通过欣赏不同形式的艺术作品,学生了解艺术家对于生活、情感和自然的表达方式,从而更好地理解音乐作品中的情感和主题。通过欣赏建筑作品,学生了解建筑师如何通过建筑形式来表达对于生活和自然的理解,然后再通过音乐作品的欣赏,体会音乐家如何通过音乐表达类似的情感和主题。

三、历史与音乐

通过了解历史背景和社会环境,可以让学生更好地理解音乐作品的创作背景和意义。历史背景和社会环境是音乐作品产生的土壤和温床,它们对音乐作品的创作和表达起着至关重要的作用。在不同历史时期,由于社会政治、经济、文化等方面的变化,音乐作品的创作背景和意义也会有所不同。通过学习历史背景和社会环境,学生更好地理解音乐作品所表达的情感和思想,从而更深入地领会音乐作品的内涵和意义。通过了解音乐在不同历史时期的发展和变化,让学生更全面地认识音乐的多样性和丰富性。音乐是随着历史的发展而不断变化和发展的,不同历史时期的音乐风格和表现形式各有特色。通过学习音乐在不同历史时期的发展和变化,学生更全面地了解音乐的多样性和丰富性,从而更好地欣赏和理解不同类型和风格的音乐作品。通过了解音乐作品的创作背景和意义,培养学生的审美情趣和文化修养。音乐作品是音乐家在特定的历史背景和社会环境下创作的,它们所表达的情感和思想往往与当时的社会风气和文化传统密切相关。通过学习音乐作品的创作背景和意义,学生可以更深入地了解音乐作品所表达的情感和思想,从而培养自己的审美情趣和文化修养。

第四节　运用多媒体技术丰富多元文化教育形式

一、展示不同地域的音乐风格和特色

可以利用多媒体技术展示非洲音乐的特色。非洲大陆是世界上最古老的文明之一，其音乐文化源远流长，丰富多彩。非洲音乐以鼓乐为主，节奏感强烈，富有原始的野性和激情。通过多媒体展示非洲音乐的视频和音频，让学生感受到非洲音乐的独特魅力，了解非洲人民的生活方式和文化传统。亚洲是世界上人口最多的大洲，拥有众多不同的音乐文化，通过多媒体展示音乐的演奏视频和音频，让学生了解亚洲各地的音乐文化。欧洲是世界上音乐发展最为成熟的地区之一，拥有众多著名的古典音乐作曲家和作品。通过多媒体展示欧洲古典音乐的演奏视频和音频，让学生感受到欧洲音乐的高雅和精致，了解欧洲音乐的历史和发展。拉丁美洲是一个充满激情和活力的地区，其音乐文化也同样富有热情和活力。通过多媒体展示拉丁美洲音乐的视频和音频让学生感受到拉丁美洲音乐的热情和活力，了解拉丁美洲人民的生活方式和文化传统。

二、展示不同地域的音乐表演形式

非洲是一个音乐多样性极高的地区，不同地区的音乐风格各具特色。西非地区的音乐以鼓乐为主，节奏感强烈，具有浓厚的部落风情[①]。东非地区的音乐则以合唱和舞蹈为主，节奏轻快，富有活力。通过多媒体技术展示非洲不同地区的音乐表演视频，让学生感受非洲音乐的独特魅力，了解非洲音乐的多样性和丰富性。欧洲地区的音乐文化源远流长，不同国家的音乐风格各具特色。比如，意大利的歌剧、法国的巴黎音乐、俄罗斯的芭蕾音乐等等，都具有浓厚的地域特色。通过多媒体技术展示这些不同地区的音乐表演视频，让学生了解欧洲地区的音乐文化，感受

---

① 董娜. 多元文化视域下的高中音乐鉴赏教学探究[J]. 中国文艺家,2018,(11):210.

欧洲音乐的独特魅力。

三、展示不同地域的音乐产业和市场

通过多媒体技术,展示美国音乐产业的发展历程、市场规模、音乐公司的运营模式以及艺人的培养和推广方式。通过多媒体技术展示美国各地的音乐文化和风格,比如纳什维尔的乡村音乐、底特律的摇滚乐、纽约的爵士乐等。通过多媒体技术展示日本音乐产业的特点,比如动漫音乐、偶像团体、流行乐等,以及日本音乐市场的规模和发展趋势。通过多媒体技术展示日本各地的音乐文化和风格,比如东京的流行音乐、大阪的民谣音乐、冲绳的民族音乐等。利用多媒体技术,比如音频、视频、图片等,来呈现丰富的内容。结合互动性强的多媒体技术,比如虚拟现实、增强现实等,来增强学生的参与感和体验感。通过这些多媒体技术的应用,使音乐产业和市场的展示更加生动、直观和有趣,从而更好地吸引学生的注意力,激发他们的学习兴趣。

第五节 运用交互式教学法开展多元化主题音乐鉴赏教学

一、互动讨论

每个学生对音乐的感受和理解都是独特的,通过小组讨论,学生可以互相交流自己的看法和感受,从而开阔自己的视野,了解不同人的观点和思维方式。在讨论的过程中,学生可以从他人的观点中获得新的启发,加深对音乐的理解和感悟。在课堂上,老师会向学生介绍各种不同的音乐作品,但是要想真正理解一首音乐作品,需要学生自己去感受和体会。通过小组讨论,学生可以分享自己对音乐的感受和理解,从而加深对音乐作品的理解和领悟。同时,学生借助他人的观点和见解,发现自己之前未曾注意到的音乐细节,从而更加全面地理解音乐作品。在小组讨论中,学生需要和组员进行充分的交流和讨论,从而形成自己的观点和见解。学生还需要向组员清晰地表达自己的观点和理解,使得组员

能够理解并接受自己的看法。通过这样的交流和表达,学生提高自己的团队合作能力和表达能力,为将来的学习和工作打下良好的基础[①]。在小组讨论中,学生可以和同学们分享自己对音乐的感受和理解,感受到他人的认可和鼓励,学生会更加热爱音乐,更加主动地去了解和欣赏各种不同的音乐作品,提高自己的音乐鉴赏能力和审美情趣。

二、实地考察

参观音乐厅是一种非常有效的方式来增强学生对音乐的实际感受和体验。音乐厅是音乐表演的场所,学生可以在这里亲身感受到音乐的震撼力和魅力。他们可以欣赏到专业音乐家的精彩演奏,感受到音乐的美妙和魅力。通过参观音乐厅,学生可以了解不同类型的音乐表演形式,比如交响乐、歌剧、室内乐等,拓展他们的音乐视野,提高他们的音乐鉴赏能力。音乐展览通常会展示一些音乐作品的历史和背景,学生通过参观展览了解到不同时期和不同风格的音乐作品,了解音乐的发展和演变。音乐展览还会展示一些音乐家的生平和创作过程,学生通过这些展览了解到音乐家的生活和创作环境,深入了解音乐作品的内涵和艺术特点。通过参观音乐展览,学生可以拓展他们的音乐知识,增强他们对音乐的实际感受和体验。组织学生参加一些音乐活动,比如音乐节、音乐会等,让学生亲身参与到音乐表演中,感受音乐的魅力和魔力。学生通过这些活动了解到不同类型的音乐表演形式,比如民乐、流行音乐、爵士乐等,拓展他们的音乐视野,提高他们的音乐鉴赏能力。学生通过这些活动了解到不同音乐家和乐队的表演风格和特点,深入了解音乐作品的内涵和艺术特点。

[①]邵爱玉.多元文化视域下的高中音乐鉴赏教学研究[J].科幻画报,2020,(06):279.

第五章　高中音乐鉴赏课与多元文化的融合策略

第一节　创新音乐教学理念

一、强调音乐的多样性和包容性

在世界各地,不同的文化和地区都有自己独特的音乐形式。西方古典音乐以其严谨的结构和复杂的和声而闻名,非洲音乐则以其强烈的节奏感和多样的打击乐器而著称。流行音乐、民族音乐、爵士乐、摇滚乐等也都是音乐的不同形式。通过音乐鉴赏课,学生将有机会接触到这些不同形式的音乐,了解它们的特点和发展历程,从而更好地理解和欣赏音乐的多样性。在音乐的发展过程中,不同文化和地区的音乐相互交流、融合,形成了丰富多彩的音乐文化。美国的爵士乐就是非常典型的跨文化音乐形式,它融合了非洲音乐、欧洲音乐和拉丁美洲音乐的元素。世界音乐节、音乐交流活动等也为不同文化的音乐形式提供了展示和交流的平台。通过音乐鉴赏课,学生将能够了解到音乐的包容性,理解不同文化音乐之间的联系和交流,从而更好地欣赏和尊重不同文化背景下的音乐表达。

播放来自不同文化和地区的音乐作品,让学生了解不同音乐形式的特点和风格。组织学生参加音乐欣赏活动,比如举办音乐会、观看音乐表演等,让学生亲身感受音乐的魅力。此外,教师还可以邀请音乐专家或音乐人来学校进行讲座或交流,让学生了解音乐的发展历程和文化背景。通过这些教学手段,学生将能够更全面地了解音乐的多样性和包容性,培养对不同音乐形式的欣赏能力。学生自身也需要有一定的积极性和主动性。他们可以通过阅读音乐相关的书籍和资料,了解不同音乐形式的发展历程和特点。利用互联网资源,比如音乐网站、音乐论坛等,了解和分享不同音乐形式的信息。通过这些方式学生将能够更深入地了解音乐的多样性和包容性,培养对不同音乐形式的欣赏能力。

二、注重培养学生的音乐审美能力和创造力

音乐是一门艺术,它需要一定的审美能力才能够被真正欣赏和理解。在音乐鉴赏课上,学生可以学习如何分析音乐作品的结构、旋律、和声、节奏等要素,从而更好地理解音乐的内涵和表达[1]。通过学习不同风格和流派的音乐作品,学生可以逐渐培养自己的音乐审美能力,提高对音乐的欣赏水平。音乐创作是音乐教育中非常重要的一环,它可以帮助学生发挥自己的想象力和创造力,创作出具有个性和创新的音乐作品。在音乐鉴赏课上,学生可以学习不同的音乐创作技巧和方法,了解不同音乐作品的创作背景和过程,激发自己的音乐创作潜能。通过创作音乐,学生更好地理解音乐的本质和魅力,提高自己的音乐表达能力和综合素质。

三、引入跨文化音乐元素

引入跨文化音乐元素可以帮助学生了解不同文化的音乐特点和风格。世界各地的音乐都有其独特的风格和特点,通过学习这些音乐,学生可以了解不同文化的音乐特点和表现形式,拓展他们的音乐视野,增强对世界音乐的理解和欣赏能力。引入跨文化音乐元素促进学生对世界各地音乐的欣赏和理解。在全球化的今天,了解和欣赏不同文化的音乐已经成为一种必备的能力。通过学习跨文化音乐元素,学生了解不同文化的音乐作品,体验不同文化的音乐风格和情感表达,从而增强对世界音乐的欣赏和理解能力。引入跨文化音乐元素可以促进学生的文化包容性和国际视野。音乐是一种跨文化的艺术形式,它能够跨越不同文化背景的人们,传达情感和思想。通过学习跨文化音乐元素,学生可以了解不同文化的音乐特点和表现形式,增强对世界音乐的理解和欣赏能力,从而培养他们的文化包容性和国际视野。世界各地的音乐都有其独特的魅力和魅力,通过学习跨文化音乐元素,学生接触到不同文化的音

---

[1] 文萃.浅析多元文化在高中音乐鉴赏教学中的应用[J].科普童话,2020,(23):87.

乐作品,体验不同文化的音乐风格和情感表达,从而激发他们对音乐的兴趣和热爱,促进他们对音乐的深入学习和探索。

四、培养学生对音乐的批判性思维和分析能力

在课堂上,老师会引导学生对不同类型的音乐作品进行分析和评价,让学生学会用批判性的眼光去审视音乐作品。通过对音乐作品的批判性思考,学生可以更深入地了解音乐作品的内涵和艺术价值,提高对音乐作品的理解和欣赏能力。批判性思维也可以帮助学生更好地理解音乐作品所要表达的意义,从而更好地欣赏音乐作品。在课堂上,老师会引导学生对音乐作品的结构、旋律、和声、节奏等方面进行分析,让学生学会用系统性的方法去分析音乐作品。通过对音乐作品的分析,学生可以更深入地了解音乐作品的创作技巧和艺术特点,提高对音乐作品的理解和欣赏能力。分析能力帮助学生更好地理解音乐作品所要表达的情感和意义,从而更好地欣赏音乐作品。通过学习音乐鉴赏,学生接触到不同类型的音乐作品,了解不同风格和流派的音乐,丰富自己的音乐知识和审美情趣。学生通过音乐鉴赏课了解音乐作品的历史背景和文化内涵,提高自己的艺术修养,帮助学生更好地欣赏音乐作品,提高自己的审美水平。

第二节 多元文化音乐教育基础

中国音乐文化是中国五千年文明史的重要组成部分,承载着丰富的历史、文化和情感内涵。在高中音乐鉴赏课中,将本民族音乐文化作为基础,有助于学生深入了解和体验中国传统音乐的魅力,培养学生对本民族音乐的热爱和传承,同时也有助于拓展学生的音乐视野,促进多元文化音乐教育的开展。

中国传统音乐源远流长,历经千年的演变和传承,形成了独特的音乐体系和风格。从古代的雅乐、宫廷音乐,到民间的山歌、曲艺,再到现代的京剧、民乐,中国传统音乐涵盖了丰富多彩的内容,反映了中国人民的生活、情感和精神追求[①]。在高中音乐鉴赏课中,通过学习和欣赏中国传统音乐,学生可以深入了解中国传统文化的瑰宝,感受中国传统音乐的魅力,增强对本民族音乐的认同感和自豪感。中国传统音乐以其独特的音乐语言和表现形式,能够激发学生的审美情感,培养学生对音乐的欣赏能力和表达能力。在高中音乐鉴赏课中,学生通过学习中国传统音乐的曲调、节奏、表情和演奏技巧,提高对音乐的感知和理解,培养对音乐的热爱和追求。中国传统音乐也是学生学习音乐基本知识和技能的重要内容,通过学习中国传统音乐,学生可以提高音乐的演奏和表演水平,丰富音乐素养和文化修养。在当今世界多元文化交融的背景下,多元文化音乐教育已成为音乐教育的重要趋势。中国传统音乐作为世界文化遗产,具有独特的艺术魅力和文化价值,为多元文化音乐教育提供丰富的资源和范本。在高中音乐鉴赏课中,将中国传统音乐作为多元文化音乐教育的基础,有助于拓展学生的音乐视野,促进学生对世界各国音乐文化的了解和欣赏,培养学生的跨文化交流能力和国际视野。教师可以通过精心设计的教学内容和方法,引导学生深入了解中国传统音乐的历史、特点和演变过程,激发学生对中国传统音乐的兴趣和热爱。学校通过举办音乐比赛、音乐会和音乐节等活动,营造浓厚的音乐氛围,促进学生对中国传统音乐的传承和发展。学校加强与文化机构和音乐团体的合作,为学生提供更多接触和体验中国传统音乐的机会,丰富学生的音乐学习体验。

第三节 体验型教学活动

一、多元文化音乐创作

在当今社会,各种文化相互交融,多元文化已经成为社会的主题之

[①]由一林.论高校音乐鉴赏课中渗透多元音乐文化的思考[J].艺术品鉴,2018,(33):161-162.

一。培养学生对多元文化的理解和尊重是十分重要的,音乐作为一种文化表达方式,能够深刻地反映出不同文化的特点和精神内涵。通过鼓励学生创作多元文化主题音乐作品,让学生更加深入地了解和感受不同文化的魅力,从而增强对多元文化的理解和尊重。鼓励学生创作多元文化主题音乐作品能够促进学生的创造力和表现欲。音乐需要艺术家具有丰富的想象力和创造力。通过鼓励学生创作多元文化主题音乐作品,激发学生的创造力,让他们有更多的机会去表达自己对多元文化的理解和感受,促进学生的表现欲,让他们更加积极地参与到音乐创作和表演中来。通过讲解不同文化的音乐特点和风格,激发学生对多元文化音乐的兴趣。比如,介绍非洲鼓乐、印度舞曲、拉丁音乐等不同文化的音乐形式,让学生了解不同文化的音乐特点和魅力。老师可以组织学生进行多元文化音乐作品的创作和表演,让学生结合自己的文化背景和音乐素养,创作符合多元文化主题的音乐作品,并进行展示和分享。通过这种方式让学生更加深入地了解和感受不同文化的音乐,增强对多元文化的理解和尊重,促进学生的创造力和表现欲,让他们更加积极地参与到音乐创作和表演中来。

二、多元文化音乐演出

多元文化音乐演出活动帮助学生更好地了解和欣赏不同文化的音乐。在这样的活动中,学生通过表演和欣赏来感受不同文化音乐的魅力,从而更好地理解和欣赏这些音乐。比如,学生通过表演中国古典音乐、印度音乐、非洲音乐等来感受不同文化音乐的魅力,更好地了解和欣赏这些音乐。通过这样的活动学生更好地了解和欣赏不同文化的音乐,提高他们的音乐素养和审美情趣[1]。通过这样的活动,学生更好地了解和欣赏不同文化的音乐,拓宽他们的视野,增强他们的文化自信心。在多元文化音乐演出活动中,学生可以通过表演和欣赏来感受不同文化音乐的魅力,提高他们的音乐素养和审美情趣。

---

[1]郭君君. 多元文化在高中音乐鉴赏教学中的应用分析[J]. 高考,2020,(19):118.

三、多元文化音乐讨论会

每个国家和地区都有自己独特的音乐传统,这些传统往往承载着丰富的历史和文化内涵。通过讨论不同文化音乐的历史,学生可以了解到不同文化的发展轨迹和演变过程,从而更好地理解和欣赏这些音乐作品。多元文化音乐讨论会可以帮助学生了解不同文化音乐的特点。不同文化音乐在音乐风格、乐器运用、节奏特点等方面都有着独特之处。通过讨论这些特点,学生更加深入地了解不同文化音乐的艺术特色和表现形式,从而提高他们的音乐鉴赏能力。多元文化音乐讨论会还可以帮助学生了解不同文化音乐对当代音乐的影响。不同文化音乐在全球范围内都有着一定的影响力,不仅影响着当地的音乐发展,还对世界音乐产生着重要的影响。通过讨论这些影响学生更好地理解不同文化音乐在全球音乐交流中的地位和作用。多元文化音乐讨论会可以促进学生对多元文化的深入思考和理解。在全球化的今天,不同文化之间的交流和融合日益频繁,多元文化的理解和尊重成为了当代社会的重要素质。通过参与多元文化音乐讨论会,学生可以更加深入地了解不同文化之间的联系和差异,培养出更加开放包容的国际视野和跨文化交流能力。

四、多元文化音乐实地考察

学生通过观看音乐表演,感受到音乐的情感表达和艺术魅力,增强对音乐的理解和欣赏。参观音乐表演还可以让学生了解不同类型和风格的音乐,拓宽音乐视野,培养对多样化音乐的兴趣和热爱。参观音乐会可以让学生感受到音乐的艺术魅力和文化内涵。音乐会是一种专业的音乐演出活动,通常由专业音乐家和乐团进行演出。学生通过参观音乐会,欣赏到高水平的音乐演奏和表演,感受到音乐的艺术魅力和文化内涵。音乐会让学生了解音乐家和作曲家的生平和作品,深入了解音乐的历史和文化背景,培养对音乐的深层次理解和欣赏。音乐节是一种集中展示和推广音乐的活动,通常由多个音乐表演和活动组成。学生可以通过参观音乐节,感受到音乐的独特魅力和文化氛围,了解不同地区和民族的音乐传统和风格,拓宽音乐视野,培养对多样化音乐的兴趣和热爱。

音乐节让学生了解音乐产业和市场,了解音乐的商业运作和发展趋势,培养对音乐产业的认识和理解。

第四节 多元化民族音乐课程

一、介绍不同民族音乐的特点和风格

(一)介绍不同民族音乐的特点

不同民族音乐的特点往往与其所处的历史和文化背景密切相关。通过讲解不同民族音乐的历史和文化背景,帮助学生更好地理解这些音乐的特点。比如,教师介绍非洲音乐的特点时,讲解非洲音乐的起源和发展历史,以及非洲音乐在宗教、社会和文化生活中的重要地位,帮助学生更好地理解非洲音乐的特点。通过比较不同民族音乐的特点,可以帮助学生更清晰地了解这些音乐的特点。比如,比较中国古典音乐和西方古典音乐的特点,通过比较这两种音乐的特点,帮助学生更好地理解它们各自的特点,并且也能够帮助学生更好地理解音乐的多样性。不同民族音乐的特点往往与其演奏技巧和乐器密切相关。通过讲解不同民族音乐的演奏技巧和乐器,帮助学生更好地理解这些音乐的特点。比如介绍印度音乐的特点时,讲解印度音乐的演奏技巧和乐器,帮助学生更好地理解印度音乐的特点。通过让学生亲身体验不同民族音乐帮助他们更深入地了解和欣赏这些音乐。组织学生去音乐会现场欣赏不同民族音乐的演出,或者让学生参加一些民族音乐的演奏活动,让学生亲身体验不同民族音乐,帮助他们更好地理解和欣赏这些音乐。

(二)介绍不同民族音乐的风格

在介绍不同民族音乐风格时,要选择代表性的民族音乐作品。这些作品可以是该民族的传统音乐,也可以是当代的民族音乐。通过这些代表性作品学生更好地了解该民族的音乐特色和文化内涵。每个民族的音乐风格都受到其历史、地理、宗教、社会制度等多方面因素的影响,通

过了解这些因素,更好地理解该民族的音乐风格。比如,介绍非洲音乐的起源和发展,以及其与非洲大陆的历史、文化、宗教等方面的联系。通过比较更好地理解不同民族音乐风格的特点和特色。比如,比较中国的古典音乐和西方的古典音乐,或者比较非洲音乐和拉丁美洲音乐等,帮助学生更好地理解不同民族音乐风格的差异和联系。通过音乐欣赏活动,可以让学生更直观地感受不同民族音乐风格的魅力,增强他们的音乐鉴赏能力。让学生自主选择一个民族音乐风格进行深入研究,然后向全班同学进行介绍。通过这样的方式激发学生的学习兴趣,培养他们的独立思考能力和研究能力。

二、鉴赏多元化民族音乐

通过音乐录音、视频等多媒体资料,让学生听到不同民族的音乐,看到不同民族的音乐表演,从而更直观地了解不同民族音乐的特点[1]。选择一些代表性的民族音乐作品,向学生介绍这些音乐的背景、特色和表现形式,让学生在听觉和视觉上都能感受到多元化民族音乐的魅力。组织学生进行实地考察,亲身感受不同民族音乐的魅力。通过实地考察,学生亲身走进不同民族的音乐场所,观摩不同民族的音乐表演,与当地的音乐人交流,深入了解不同民族音乐的传统和发展现状,让学生更加直观地感受到多元化民族音乐的魅力,增强学生的学习兴趣和参与感。通过比较分析,学生可以对不同民族音乐的音乐元素、表现形式、风格特点等进行深入比较和分析,更加全面地了解不同民族音乐的特点和魅力。教师选择一些代表性的民族音乐作品,进行横向比较和纵向分析,让学生在比较中发现不同民族音乐的共同之处和差异之处,更加深入地理解多元化民族音乐。教师还可以通过学生参与的方式,促进学生对多元化民族音乐的鉴赏。组织学生进行民族音乐的演奏、合唱等活动,让学生亲身参与到民族音乐的表演中,更加深入地理解和感受多元化民族音乐的魅力。通过学生参与的方式增强学生对民族音乐的兴趣和热爱,培养学生的音乐表演能力和团队合作精神。通过讲解民族音乐的历史

---

[1] 白桦. 多元文化在高中音乐鉴赏教学中的应用分析[J]. 新课程(下),2019(10):228.

和文化背景,帮助学生更好地理解多元化民族音乐。民族音乐是各个民族文化的重要组成部分,承载着民族的历史、传统和文化,通过讲解民族音乐的历史和文化背景,可以帮助学生更好地理解多元化民族音乐的内涵和意义。向学生介绍不同民族音乐的发展历程、传承方式、文化内涵等,让学生在了解音乐的同时,也能更深入地了解不同民族的历史和文化。

三、多元化民族音乐创作实践

多元化民族音乐创作在传统民族音乐的基础上,融入不同地域、文化和风格的音乐元素,创作出具有多元化特色的音乐作品。这种创作形式不仅可以丰富音乐的表现形式,还可以促进不同文化之间的交流和融合,增强民族音乐的生命力和创造力。在高中音乐鉴赏课中,多元化民族音乐创作可以帮助学生了解不同地域和文化的音乐特色,拓展他们的音乐视野,培养他们的跨文化交流能力和创新意识。在高中音乐鉴赏课中,通过多种方式引导学生了解不同民族音乐的特色,比如播放不同地域和文化的民族音乐作品,让学生感受不同音乐风格的魅力。组织学生进行民族音乐的实地考察,让他们亲身体验不同地域的音乐文化。邀请专业音乐人士来校进行音乐讲座,介绍不同民族音乐的历史、演奏技巧和表现形式等。组织学生进行音乐创作比赛,鼓励他们结合自己的文化背景和音乐兴趣,创作具有民族特色的音乐作品。组织学生进行音乐创作实践课程,让他们学习不同地域和文化的音乐元素,掌握音乐创作的基本技巧和方法。

第五节　多元文化音乐教育体制

一、促进多元文化音乐教育的意识和理念

在全球化的今天,各种文化之间的交流与融合日益频繁,多元文化音乐教育帮助学生更好地了解和尊重不同文化的音乐艺术,促进文化多样

性的传承和发展。通过学习不同文化的音乐,学生更好地了解和欣赏不同文化的艺术表达方式,增强对文化多样性的认识和理解。音乐是一种全球性的语言,它能够跨越语言和文化的障碍,成为不同文化之间交流与理解的桥梁。通过学习多元文化音乐,学生可以更好地了解不同文化的音乐特点和表现形式,促进跨文化交流与理解,增强国际视野和跨文化沟通能力。多元文化音乐教育有助于培养学生的审美情感和创造能力。不同文化的音乐艺术具有丰富多彩的表现形式和艺术特点,通过学习多元文化音乐,学生可以拓展自己的审美视野,培养对不同音乐风格的欣赏能力,激发学生的创造潜能和艺术表达能力。音乐是人类文化的重要组成部分,培养学生的审美情感和创造能力,促进学生的身心健康和全面发展。通过学习多元文化音乐,学生感受到不同文化的音乐艺术对人们生活的积极影响,增强自身的文化自信和自我认同,促进身心健康和全面发展。

教育部门可以在音乐教育的课程设置中,增加多元文化音乐教育的内容,引导学生了解和欣赏不同文化的音乐艺术,促进文化多样性的传承和发展。通过资金支持、奖励政策等方式,鼓励学校和教育机构开展多元文化音乐教育项目,组织学生参与不同文化音乐的学习和表演活动,促进跨文化交流与理解。加强对多元文化音乐教育师资队伍的培训和引导,提高教师的跨文化教育能力和音乐教育水平,为学生提供更加优质的多元文化音乐教育服务。加强对多元文化音乐教育的研究与推广,推动多元文化音乐教育理念和实践经验的交流与分享,促进多元文化音乐教育的不断创新和发展。

宣传和教育活动可以通过各种媒体渠道来进行,包括电视、广播、互联网等。制作宣传片、专题节目、微电影等形式的宣传材料,向公众介绍多元文化音乐教育的重要性和意义,以及它对学生的影响和益处。邀请专家学者、教育工作者、音乐家等相关领域的人士,通过各种媒体平台进行访谈和讲座,深入解读多元文化音乐教育的内涵和实践,引导公众对多元文化音乐教育的认识和理解。通过举办各种形式的教育活动来提高社会对多元文化音乐教育的认识和理解。在学校、社区、文化机构等场所举办多元文化音乐教育主题的讲座、研讨会、展览等活动,邀请专家学者、音乐家、教育工作者等人士进行讲解和演示,向公众传播多元文化音乐教育的理念和实践。组织学生参与多元文化音乐教育的实践活动,如举办多元文化音乐表演、比赛、交流等活动,让学生通过参与实践来感受和体验多元文化音乐教育的魅力和价值。通过开展多元文化音乐教育的培训和研修活动来提高社会对多元文化音乐教育的认识和理解。组织教师、教育工作者、音乐从业人员等相关人士参与多元文化音乐教育的培训和研修,提升他们的专业水平和能力,增强他们对多元文化音乐教育的认识和理解。邀请国内外的专家学者、音乐家等人士来进行专题培训和研修,分享多元文化音乐教育的最新理论和实践成果,促进相关领域的交流和合作,推动多元文化音乐教育的发展和普及。

二、提供多元文化音乐教育的资源和支持

建立多元文化音乐教育的教材和资源库需要收集各种文化背景的音乐作品和资料,包括不同国家和地区的传统音乐、民族音乐、流行音乐等。通过音乐学者、音乐教育专家、音乐家等渠道收集这些音乐作品和资料。通过互联网、图书馆等途径获取相关信息,收集的音乐作品和资料应该包括音乐的历史背景、演奏方式、乐器特点、歌词内容等方面的信息,以便于教师和学生进行学习和研究。按照不同的文化背景、音乐类型、音乐风格等进行分类整理。同时,根据不同年龄段的学生和不同教学内容的需求进行定制化整理。整理和分类后的音乐作品和资料应该能够方便教师和学生进行查阅和使用[1]。开发相应的教学资源,包括编写教材、设计课程、制作教学视频、开发教学软件等。教材应该包括多元文化音乐的相关知识、音乐作品的分析和欣赏、音乐活动的设计等内容。课程设计应该充分考虑学生的文化背景和音乐兴趣,引导学生通过音乐学习了解和尊重不同的文化。教学视频和教学软件可以帮助学生更直观地了解和学习多元文化音乐,提高学习效果。通过学校、教育机构、音乐团体等渠道推广这些教材和资源库,让更多的教师和学生了解和使用。组织相关的培训和研讨活动,提高教师的多元文化音乐教育能力。

---

[1]李江宁. 多元文化视角下的音乐鉴赏实践探讨[J]. 戏剧之家,2021(31):89-90.

通过推广和应用让多元文化音乐教育的教材和资源库真正发挥作用,促进学生的跨文化理解和音乐素养的提高。

专业培训和支持帮助教师和教育工作者提升自身的音乐素养和跨文化交流能力。在多元文化音乐教育中,教师需要具备丰富的音乐知识,包括不同文化的音乐表达形式、音乐风格和演奏技巧等。教师需要具备跨文化交流能力,能够理解和尊重不同文化的音乐表达方式,促进学生对多元文化音乐的理解和欣赏。通过专业培训和支持,教师和教育工作者可以接受系统的音乐知识和跨文化交流能力的培训,提升自身的专业素养和能力水平。多元文化音乐教育需要教师具备一套科学的教学方法和策略,能够有效地引导学生进行音乐学习和实践。在多元文化音乐教育中,教师需要注重培养学生的音乐鉴赏能力和表演能力,引导学生通过音乐的欣赏和表演来感受和理解不同文化的音乐。通过专业培训和支持,教师和教育工作者学习到最新的教学理论和方法,掌握科学的教学策略,提高教学质量和效果。在多元文化音乐教育中,教师和教育工作者需要不断地更新自己的音乐知识和教学方法,不断地丰富自己的教学资源和案例。通过专业培训和支持,教师和教育工作者建立起专业的交流平台和资源共享机制,通过交流和合作来共同提高自己的教学水平和能力。通过专业培训和支持,邀请国内外的音乐专家和教育专家来进行学术交流和指导,为教师和教育工作者提供更多的专业支持和帮助。

三、促进多元文化音乐教育的实践和交流

多元文化音乐教育的实践活动和演出帮助学生更好地了解和尊重不同文化的音乐。在这些活动和演出中,学生接触到来自不同文化背景的音乐,了解不同文化的音乐特点和表现形式,从而增强对不同文化的尊重和理解。通过参与这些活动,学生更好地了解自己所处的文化环境,同时也能够开阔自己的视野,增强跨文化交流的能力。学生接触到各种不同的音乐形式和风格,从而丰富自己的音乐知识和视野。通过参与这些活动,学生了解到不同文化的音乐特点和表现形式,从而提高自己的音乐素养和审美能力。学生可以与来自不同文化背景的人们进行交流

和互动,从而促进跨文化交流和理解。通过参与这些活动,学生更好地了解不同文化的音乐特点和表现形式,从而增强对不同文化的尊重和理解。邀请来自不同文化背景的音乐家和表演者来学校进行演出和讲座,让学生有机会接触和体验不同文化的音乐。组织学生参加一些跨文化音乐交流活动,让他们有机会与来自不同文化背景的人们进行交流和互动。组织学生进行一些跨文化音乐创作和表演活动,让他们有机会创作和表演自己的跨文化音乐作品。

多元文化音乐教育交流平台可以促进不同地区和机构之间的合作。在这个平台上,不同地区和机构可以分享自己的音乐教育经验和教学资源,从而促进彼此之间的合作。比如,一些发达地区的音乐教育机构可以向一些欠发达地区的音乐教育机构提供教学资源和支持,从而促进音乐教育的发展。这个平台也可以为不同地区和机构之间的合作提供一个交流的平台,促进彼此之间的合作。不同地区和机构可以通过各种形式的交流,比如线上研讨会、线上讲座、线上培训等,来分享自己的音乐教育经验和教学资源,从而促进彼此之间的交流。通过这种交流,不同地区和机构相互学习,相互借鉴,从而提高自己的音乐教育水平。不同地区和机构可以通过各种形式的合作,比如联合举办音乐教育活动、联合开发音乐教育课程、联合举办音乐教育研讨会等,来促进彼此之间的合作和交流。通过这种合作,不同地区和机构可以共同发展,共同进步,从而提高整个音乐教育领域的水平。

四、强化多元文化音乐教育的评估和监督

评估教育机构开展多元文化音乐教育的目标是否明确、具体和可操作。评估体系应该考察教育机构是否设定了明确的多元文化音乐教育目标,并且这些目标是否与学生的实际需求和社会发展需求相适应。评估教育机构开展多元文化音乐教育的教学内容是否丰富、多样和具有代表性。评估体系应该考察教育机构是否提供了多元文化音乐教育所需的各种音乐素材和资源,以及是否能够满足学生对不同文化音乐的学习需求。评估教育机构开展多元文化音乐教育的教学方法是否灵活、多样和有效。评估体系应该考察教育机构是否采用了多种教学方法,如听力

训练、合唱排练、乐器演奏等,以及是否能够激发学生的学习兴趣和潜能。评估教育机构开展多元文化音乐教育的教学效果是否显著、可衡量和可持续。评估体系应该考察教育机构是否能够通过各种评估手段,如考试、作业、表演等,对学生的学习成果进行评估和反馈,以及是否能够不断改进教学效果。评估教育机构开展多元文化音乐教育的教师队伍是否专业、稳定和具有跨文化教育能力。评估体系应该考察教育机构是否能够拥有一支具有丰富教学经验和跨文化教育能力的教师队伍,并且能够不断提升教师的专业水平和教学能力。

制定多元文化音乐教育的评估标准,明确评估的内容、要求和标准,以确保评估的科学性和客观性。根据评估标准,设计相应的评估工具,如问卷调查、访谈、观察记录等,以便对教育机构的多元文化音乐教育进行全面评估。通过评估工具,对教育机构的多元文化音乐教育进行评估调查,收集相关数据和信息,了解教育机构的实际情况和存在的问题。对收集的数据和信息进行分析,总结教育机构的多元文化音乐教育的优势和不足,找出存在的问题和改进的方向。根据评估结果,提出相应的改进建议,为教育机构提供改进和发展的方向和建议,以提高多元文化音乐教育的质量和效果。

教育主管部门应该建立健全多元文化音乐教育的监督机制,加强对教育机构的监督力度,确保他们能够按照相关政策和要求来开展多元文化音乐教育。监督的重点应该包括教学内容的多样性、师资力量的专业性、教学资源的充足性等方面。教育主管部门可以通过开展培训、制定指导意见等方式,为教育机构提供更多的指导和支持。比如,组织专家学者开展多元文化音乐教育的培训,提高教师的专业水平,编写多元文化音乐教育的教材和教学资源,为教育机构提供更多的教学支持。教育主管部门通过举办音乐节、比赛等活动,宣传多元文化音乐教育的重要性,吸引更多的学生和家长关注和支持多元文化音乐教育。通过媒体、网络等渠道,宣传多元文化音乐教育的成果和经验,推动社会各界对多元文化音乐教育的关注和支持。

五、推动多元文化音乐教育的国际合作和交流

加强与其他国家和地区的多元文化音乐教育机构的合作,需要建立起稳固的合作关系。这需要双方机构之间的互相了解和信任。可以通过建立合作协议、派遣教师和学生进行交流、举办联合音乐会等方式来促进合作关系的建立。通过建立合作项目、共同研究课题等方式来深化合作关系,实现资源共享和优势互补。通过派遣教师到对方机构进行交流、举办师资培训班等方式来促进师资队伍的交流与合作,使双方教师在教学理念、教学方法等方面进行交流与分享,提高教学水平,丰富教学内容,为学生提供更加丰富多彩的音乐教育。通过举办学生交流活动、组织学生参加国际音乐比赛等方式来促进学生的交流与合作,使学生在音乐学习中接触到不同国家和地区的音乐文化,增加他们的音乐见识,提高他们的音乐表现能力,培养他们的国际视野和跨文化交流能力。通过举办国际学术研讨会、合作撰写学术论文等方式来促进学术研究的交流与合作,使双方机构在音乐教育理论、音乐教育方法等方面进行交流与合作,共同推动多元文化音乐教育的发展。

在国外,一些发达国家和地区的音乐教育已经形成了比较成熟的多元文化音乐教育理念和模式。例如,美国的音乐教育注重培养学生的多元文化音乐素养,学校音乐教育课程中涵盖了世界各地的音乐文化,学生可以学习到来自不同国家和地区的音乐作品和表演技巧。另外,一些国家和地区还注重通过音乐教育促进跨文化交流和理解,鼓励学生参与跨文化音乐交流活动,拓宽视野,增进友谊。利用互联网和多媒体技术,学生通过网络平台学习到来自世界各地的音乐作品和表演技巧,通过视频会议等方式与其他国家和地区的学生进行音乐交流和合作。一些国家和地区还注重培养学生的音乐创造能力,鼓励学生通过创作音乐作品来表达自己对多元文化音乐的理解和感悟。

应加强对多元文化音乐教育的政策支持,制定相关政策和法规,明确多元文化音乐教育的发展目标和方向,为多元文化音乐教育提供政策保障和资源保障。鼓励和支持学校和社会组织开展多元文化音乐教育活动,提供相关的经费和人力支持。拓宽多元文化音乐教育的教学内容和

手段，注重引进和开发世界各地的音乐教育资源，丰富音乐教育的教学内容和手段。引进国外优秀的音乐教育课程和教材，开设多元文化音乐教育的选修课程，组织学生参与跨文化音乐交流活动，拓宽学生的音乐视野，增进学生对多元文化音乐的理解和感悟。强对多元文化音乐教育的专业人才培养，建立相关的教育培训体系，培养具有国际视野和跨文化交流能力的音乐教育专业人才。应鼓励和支持音乐教育专业人才参与国际音乐教育交流和合作，提升我国多元文化音乐教育的国际影响力和竞争力。

第六章　高中音乐鉴赏课与多元文化融合的优化措施

第一节　教师要与时俱进地提高自身素养与见识

一、开放的生态型知识结构

所谓生态型知识结构，是根据"生态系统"理论提出的，这一理论认为，在自然"生态系统"中，必须由各种不同物种达到一种最佳组合，才能形成一种互生、互补、生机勃发、持续发展的生态关系。这种生态关系体现的是一种高级的生态智慧。这里所讲的"开放的生态型知识结构"，是要求音乐教师打破美学、音乐学、教育学、心理学、社会学、哲学等不同学科之间的隔离状态，建立它们之间的"生态关系"，使各种不同信息、不同文化、不同要素在自己头脑中相互交叉和融合，从而不断产生出新的思想、新的观念和新的发明。很明显，这种知识结构正是知识经济时代最需要的。这些知识大致可分为以下四类：

（一）全面的文化基础知识

21世纪是知识与信息的时代，文化基础知识越多，系统性越强，个人的眼界就越宽广。他的观念所囊括的客观世界领域也就越宽，被纳入他个人价值体系中的客观面也就越大。作为人类反映自然和社会现实生活、表现思想感情的一种方式，音乐艺术与社会、人文、自然等学科之间存在着内在的必然的联系。因此，音乐教学提倡音乐与艺术之外的其他科学的综合。音乐教师只有具备了政治、经济、哲学、历史、社会学、民族学和宗教学等方面的基础知识才能够全面深入地理解音乐作品，形成集艺术思维、科学思维于一体的综合思维能力，从而加深自己的艺术功力；同时，音乐教师只有具备了全面的文化基础知识，才能够从更高的层次、更广的层面赋予音乐教学新的内涵,正确、成功地引导学生欣赏、表现和创造音乐。

随着与国际社会的接轨,信息技术的迅猛发展,电脑知识更是成为新时期音乐教师学习、工作,提高自身素质必不可少的工具。《课程改革纲要》明确指出"要大力推进信息技术在教学过程中的普遍应用"。将互联网引入音乐教学,学生在课堂上面对的就不再是一支粉笔、一块黑板、一架钢琴、一台录音机,而是一个信息资源极为丰富、视野极为宽广,且界面友好、形象直观的交互式学习环境。更重要的是让学生掌握了研究性学习,资料搜集的手段,并培养了学生的自主学习的意识和辩证地分析问题的思维方式。这就要求教师及时掌握现代信息技术,并能为其教育教学服务。

(二)丰富的教育理论知识

教育是一门理论与实践紧密结合的科学。音乐课程改革的贯彻和实施,首先需要音乐教师理解、接受新的理念,具备崭新的课程意识、学生意识、开放意识和问题意识。这就需要音乐教师们具备丰富的教育学、心理学、音乐教育学、音乐心理学、教学法等教育理论知识,树立新的教育观、教学观、课程观、知识观、学生观、人才观、质量观、考试观。

(三)系统的、综合的音乐学科本体性知识

作为一名音乐教师,必须具备系统的、综合的音乐学科本体性知识。一般包括:音乐基础理论知识、音乐技术理论知识、声乐知识、器乐知识、民族民间音乐知识、音乐史常识等。但音乐教师不像专业的音乐表演人员或理论创作人员,必须具备精深的音乐理论知识。

(四)广泛的姊妹艺术相关知识

新的音乐教育理念关注音乐与舞蹈、戏剧、影视、美术等姊妹艺术的综合。要求"在实施中,综合应以音乐为教学主线,通过具体的音乐材料构建其与其他艺术门类及其他学科的联系"。音乐是广博的艺术门类中的一种,姊妹艺术与音乐之间息息相通、相互促进。舞蹈、戏剧与音乐水乳交融;诗歌、影视与音乐相得益彰;美术与音乐更是有着异曲同工之妙:建筑被称为"凝固的音乐",书法被认为是"无声之音"。中国画中的留白似是乐音的停顿,墨的浓淡恰如音乐中的强弱、厚薄、层次。音乐教师拥有广泛的姊妹艺术知识,将有利于丰富情感体验,积累更多的审美体验,对音乐产生更深的理解与更广阔的表现和创作空间。同时,将之运用于音乐教学,能够使学生对音乐艺术的独特表现力和音乐的审美经验体验得更加鲜明,把握得更加贴切。

二、全面的能力结构

能力是影响一个人活动成效的心理特征,是一个人顺利完成某种任务的内部条件[①]。能力结构的功能与作用就是通过对个体素质结构中的"知识层"的操作与运作,起到应用知识、解决问题的作用。在新的课程观下,学科综合、多元文化以及重视艺术实践的新理念的提出,以下三种能力对音乐教师而言,非常重要。

(一)自学能力

国际教科文组织近年提出了"终身学习"的口号。时代的进步,科技的飞速发展,信息的瞬息万变,要求教师具有很强的自学能力。夸美纽斯讲过:"职业本身就责成一个教师孜孜不倦地提高自己,随时补充自己的知识储备。"因而广大教师一定要刻苦钻研,勤奋好学,树立终身学习的观念和自觉性,适应新形势对自己提出的新要求。

(二)音乐教学、科研能力

音乐教学和科研能力是相互渗透、相互作用、相辅相成的,具体来说,主要体现在"讲、写、唱、奏、演"五个方面。

"讲"是指教师具有较强的音乐课堂教学能力。如:驾驭教材能力、语言表达能力、组织教学能力和教具操作能力等。在音乐教育中体现素质教育的思想和方法,并能有意识地将音乐教育与学生的思想素质教育、文化素质教育、心理素质教育和身体素质教育相结合。此外,心理调节能力也是课堂教学能力的重要构成之一,因为教师的心理是指挥教师正确施教的核心。在音乐教学中,教师常常要充当好几种角色,也因为在音乐教学中往往会出现一些预料不到的事情,所以,音乐教师的心理

[①]李真.多元文化对高职音乐鉴赏课程教学影响研究[J].三门峡职业技术学院学报,2021,20(01):75-77+82.

调节能力非常重要。例如：教师在范唱、范奏时，所充当的是演员这一角色，这时要有演员的心理状态，才能把作品的艺术形象和感情充分地表达出来；而在解释作品，启发学生理解作品的时候，教师充当的是演说者的角色；有时为了提高学生的音乐表现能力，要用舞蹈或音乐剧等形式来表现某一音乐作品，教师又要充当导演这一角色。要扮演好这些角色，心理调节能力是关键。又例如：在教唱某一首歌曲的过程中，学生把握不住某些音准、节奏，经过反复教唱仍没有解决问题，这时教师可能会出现不耐烦或急躁的心理状态，作为一名合格的音乐老师，应该及时调整自己的心理，保持冷静的头脑，找出解决问题的方法，使教学顺利地进行下去。

"写"包含两层含义，一是指板书能力。板书要做到重点突出、概括性强、美观清晰、便于记忆。二是指有撰写工作总结和科研论文的能力。能把音乐教育中积累的经验、遇到的问题，上升到理论的高度来认识、归纳，并写出具有一定水平的科研论文。能把教育界的最新科研成果运用于教学实践，积极开展教学研究和教学实验等。

"唱"是指教师的歌唱能力和自弹自唱能力。"唱"是音乐教师应具有的、起码的教学基本功，在音乐教学中具有示范性和激励性，因此，要求教师做到准确无误、生动感人，通过歌曲的艺术感染力来激发学生的学习兴趣。

"奏"是指教师的钢琴伴奏能力和器乐演奏能力。钢琴伴奏包括照谱伴奏和即兴伴奏两个方面，这是音乐教师很重要的教学基本功。器乐演奏是指教师能演奏一至三门乐器（并不要求有很高的水平），这是进行课堂器乐教学和课外音乐活动所应具备的能力。

"演"是指教师开展课外音乐活动和音乐"第二课堂"的能力。如：组织合唱队、乐队、舞蹈队，开展全校性的大型音乐活动；在音乐活动中，创作、改编歌曲、乐曲，为乐队配器，编导舞蹈等。

（三）创造能力

"创造是艺术乃至整个社会历史发展的根本动力。"创新人才的培养已成为整个社会的追求目标。音乐新课程增加了"创造"的教学领域，不仅对音乐教师提出了音乐创作技能的要求,而且对教师在音乐教学的各个领域、音乐活动的整个过程的创新能力提出了高的要求。音乐教师不仅应具备即兴音乐表演、自制简易乐器、编配伴奏音型、创作儿童歌曲的能力,而且应具有对教学资源进行发掘、对教材综合构建以及理论的创新能力。此外,要思想开放,及时掌握国际、国内音乐教育的最新理论和最新动向,并吸收、消化、运用于音乐教育实践。积极探索音乐教育中的素质教育,研究如何发挥音乐教育在素质教育中的特殊作用,如何加强音乐教育与其他学科教育的横向联系,并使其相互补充、协同合作,积极进行教学内容、教学形式、教学方法、教学手段的改革。

三、良好的思想修养与健康的心理素质

(一)饱满的音乐教育热情

教师的音乐教育热情是对音乐教育工作的认识、情感和行为特征方面比较持久的强烈的倾向和姿态。它将直接影响学生的音乐的学习和终生人格的发展。教师是塑造人的职业,仅仅具备一定的专业知识和能力水平,不具有教育热情,是无法完成育人的职责的。因此作为一名音乐教师首先应具有音乐教育热情,表现出对音乐教育事业的尊重、热爱,才能全身心地投入到教学工作中,才能点燃学生对音乐的求知欲和热情。有研究表明,那些具有教育热情、生动活泼、富于想象并热心于自己学科的教师,其教学工作较为成功,其学生的行为也更富有创造性。

(二)高尚的人格魅力

"学高为师,身正为范"是教师职业道德独特性的体现。师德是教师教育态度的灵魂。教师应善于自我控制,善于进行批评和自我批评,做到"见贤而内自省",自觉抵制各种不利因素的刺激和诱惑,使个人的欲望、情感和行为不悖于社会规范,从而成为学生的表率和楷模。

(三)独特的教学风格

教学风格是教师执教时所表现出来的独特技能、手段和方法。它既是教学工作成熟的体现,也是教师个人才华、个性的一种显露。教师的教学风格与其本人的专业状况、文化修养、语言表达、性格、气质等多方

面都有间接的关联。音乐教师要深入透彻地理解课程改革的理念,掌握科学的教育理论和方法,学会反思自己的教学实践,实现自我完善和自我超越,从而构建自己独特的教学风格。

(四)良好的气质风度

"教,上所施,下所效也",高中音乐教师作为美的传播者,美的引导者,在学生的心目中是美的象征。教师自身的仪表风度、举止谈吐,能够带给学生潜移默化的影响。因此,高中音乐教师的气质和风度,应能给人以美感和美的启迪。稳重与端庄、亲切与高雅、风趣与幽默、热情与潇洒,是音乐教师气质、风度的最好展现。教师必须提高自身的文化、艺术修养,注重自身的音乐教育者的形象,时刻记住自己是传递美、创造美的音乐教师,使自身内在的艺术气质和外在的优雅表现协调地融合起来,以广博的知识、丰富的内涵、谦逊的态度、善解人意的品格、开阔的胸襟以及强烈的人格魅力成为学生的楷模。

(五)崇高的教师威信

威信是指教师所具有的一种使学生感到尊严而信服的精神感召力量。它是通过教师的人格、能力、学识水平及教育艺术在学生心理上引起的信服而又尊敬的态度,实质上反映的是一种师生关系。古人云:"亲其师,信其道。"深得学生敬重和爱戴的教师,学生往往十分确信其教导的真实性和正确性;有威信的教师能唤起学生积极的情感体验;有威信的教师能被学生视为理想的榜样和行为的楷模,产生向教师模仿的意向。要获得威信,首先,良好的思想品质和心理品质是基本条件。言行一致和以身作则是教师获得威望的一种重要的思想品质。孔子说:"其身正,不令而行;其身不正,虽令不从。"唐代教育家韩愈也提出教师应"以身立教",这样才能使学生心悦诚服,享有崇高的威信。其次,拥有渊博的知识是教师获得威信的关键。勤奋刻苦,好学多思,知识渊博的教师在学生中威信最高。要想成为一个受学生尊敬的、有威信的教师,那就要做一个带领学生发现真理的领路人。再次,教师的仪表仪态有助于威信的获得。一个人的仪表大方,举止得体,容易获得别人的尊重和好感。教师的职业更是如此,良好的形象能赢得学生的赞誉。

(六)积极乐观的健康心理

国内外的一些研究表明,巨大的压力使得教师们的焦虑程度很高。只教知识,而不能在情感上给学生以积极的满足和影响的教师是不称职的。教师应从以下几个方面调整自身的心理健康。学会正确对待紧张和焦虑,正确对待生活和工作中的困难,不断勉励自己,把所有的困难和压力看成是对自己的考验。适当学会转移情绪,等心态调整后再来面对,提倡积极乐观的生活态度。苏霍姆林斯基曾说:"教师最大的幸福和快乐就在于与学生的交往,因为你的每一步、每一句话,你的眼神,甚至你的目光一闪或者一抬手,这一切都会深深地留在学生的记忆中。"教师工作的性质决定了他必须善于驾驭自己的情感,无论个体遇到多大的打击,只要一旦出现在学生面前,就要把影响个人情感的因素置之脑后。

一般来说,教师自尊心强,事事不甘人后,他们把自己的全部精力和时间都倾注在工作上,易忽视自己生活的其他方面。不均衡的生活会使老师处于不良的心理状态,表现为脾气暴躁、语言尖刻等,这也严重影响了学生的心理发展。因此教师要学习合理地调节情绪、安排生活、善待自己,给自己和家庭留些娱乐和休闲的空间。这样能够有效地改善教师工作的人际环境,提高个体心理水准。面临挫折情境的教师,会形成一种长期的心理压力,阻碍教师角色技能的发挥。只有挫折忍受力强的教师,才能较好地适应环境,产生良好的教育效果。提高个人的心理素质和文化修养,可以增强承受挫折的能力。

第二节　确保高中音乐鉴赏课自身的独立

一、音乐鉴赏课程的独立性

音乐鉴赏课程应该包括音乐的基本知识、音乐史、音乐理论和音乐欣赏等内容,通过这些内容的学习,学生可以全面地了解音乐的发展历程和基本理论知识,提高音乐欣赏能力。此外,音乐鉴赏课程还应该有明确的教学目标,比如培养学生的音乐欣赏能力、提高学生的音乐素养等,帮助学生更好地理解音乐,提高他们的音乐素养和审美情趣。音乐鉴赏课程的教学内容应该包括音乐的基本知识、音乐史、音乐理论和音乐欣赏等内容,这些内容是学生全面了解音乐的基础。音乐鉴赏课程还应该注重培养学生的音乐欣赏能力,比如通过听音乐、分析音乐等方式,帮助学生提高对音乐的理解和欣赏能力。教学内容的明确规定帮助教师更好地进行教学,保证教学的全面性和系统性。音乐鉴赏课程的教学方法应该包括多种形式,比如讲授、听音乐、分析音乐、讨论等。通过多种形式的教学方法帮助学生更好地理解和欣赏音乐,提高他们的音乐素养和审美情趣。教学方法应该注重培养学生的主动性和创造性,比如通过讨论、分析等方式,激发学生的兴趣,提高他们的学习积极性。教学方法的明确规定可以帮助教师更好地进行教学,保证教学的多样性和灵活性。音乐鉴赏课程的评价标准应该包括音乐知识的掌握程度、音乐欣赏能力的提高程度等方面。通过明确的评价标准帮助学生更好地了解自己的学习情况,激发他们的学习动力,提高他们的学习效果。评价标准应该注重培养学生的综合能力,比如通过听音乐、分析音乐等方式,考察学生的综合能力和创造性。评价标准的明确规定帮助教师更好地进行评价,保证评价的客观性和公正性。

二、教师队伍的建设

教师应该具备音乐理论、音乐史、音乐分析等方面的专业知识,能够深入理解和解读不同风格、不同时期的音乐作品。教师还应该具备一定的演奏和指导能力,能够在课堂上进行音乐作品的演奏示范和学生的指导。具备扎实的音乐专业素养,教师才能够在教学中准确地传达音乐的内涵和精髓,引导学生进行深入的音乐鉴赏和理解。教师应该具备丰富的音乐教学经验,能够根据学生的实际情况和学习特点,设计合理的教学内容和教学方法。教师应该能够灵活运用多种教学手段,如讲解、示范、演奏、讨论等,激发学生的学习兴趣,提高学生的学习积极性。教师应该具备良好的课堂管理能力和学生指导能力,能够有效地组织课堂教学活动,引导学生进行独立学习和合作学习,培养学生的音乐鉴赏能力和分析能力。

　　随着社会的不断发展和教育理念的不断更新,教师应该不断改进教学方法,创新教学手段,提高教学效果。教师可以通过引入多媒体技术、互动教学等方式,丰富课堂教学内容,激发学生的学习兴趣。教师通过设计音乐鉴赏实践活动、组织音乐作品欣赏会等方式,拓展学生的音乐视野,提高学生的音乐鉴赏能力。只有具备创新的教学方法,教师才能够更好地满足学生的学习需求,提高课程的教学质量。

三、课程目标的确定

　　高中音乐鉴赏课程的培养目标是通过系统的学习和实践,培养学生的音乐欣赏能力、音乐表达能力和音乐批评能力,使他们能够全面理解和欣赏音乐作品,具备一定的音乐表达能力和批评能力,从而提高他们的审美水平和音乐素养,为他们未来的学习和生活奠定良好的基础。培养学生的音乐欣赏能力,需要通过系统的音乐理论知识的学习,了解音乐的基本元素和结构,包括旋律、和声、节奏、动态、音色等,同时也需要通过大量的音乐作品的欣赏和分析,培养学生对音乐作品的感知和理解能力,使他们能够准确地把握音乐作品的特点和内涵,从而提高他们的音乐欣赏能力。通过系统的音乐技能的训练,包括声乐、器乐、合唱、指挥等方面的学习,使学生能够掌握一定的演奏技巧和表达技巧,同时也需要通过音乐作品的分析和解读,培养学生对音乐作品的理解和表达能力,使他们能够准确地传达音乐作品所表达的情感和思想,提高他们的音乐表达能力。通过系统的音乐理论知识的学习,了解音乐作品的基本特点和风格特征,同时也需要通过大量的音乐作品的欣赏和分析,培养学生对音乐作品的评价和分析能力,使他们能够客观地评价音乐作品的优缺点,提高他们的音乐批评能力。

　　音乐鉴赏课程不仅要注重音乐理论知识的学习,还要注重音乐作品的欣赏和分析,使学生能够通过实践来加深对音乐理论知识的理解和掌握,提高他们的音乐欣赏能力、音乐表达能力和音乐批评能力。音乐鉴赏课程应该采用多种教学方法,包括听课、讲座、实践、讨论等,使学生能够通过不同的方式来学习和实践,提高他们的音乐欣赏能力、音乐表达能力和音乐批评能力。音乐鉴赏课程应该注重学生的个性化学习需求,充分尊重学生的兴趣和特长,引导他们通过自主学习和实践,发展自己的音乐欣赏能力、音乐表达能力和音乐批评能力。音乐鉴赏课程应该注重与时代的接轨,引导学生关注当代音乐作品和音乐现象,使他们能够了解和欣赏当代音乐的特点和风格,提高他们的音乐欣赏能力、音乐表达能力和音乐批评能力。

四、课程内容的选择

学生的音乐水平和音乐背景各不相同,有的学生可能已经有一定的音乐基础,有的学生可能是初学者,因此在选择音乐作品和音乐素材时,需要根据学生的实际水平来确定难度和复杂度,确保作品和素材能够符合学生的学习需求,既不会过于简单而失去挑战性,也不会过于复杂而难以掌握。音乐作品和音乐素材的选择应该涵盖不同的音乐类型和风格,包括古典音乐、流行音乐、民族音乐等,以丰富课程内容,满足学生的不同音乐喜好和需求。选择一些具有不同文化背景的音乐素材,让学生了解和体验不同文化的音乐,拓宽他们的音乐视野,促进跨文化交流和理解。

五、教学方法的设计

了解学生的学习习惯和兴趣爱好,以确定符合学生需求的教学方法。比如,对于喜欢互动和合作的学生,采用小组讨论、团队项目等教学方法,激发学生的学习兴趣。对于喜欢自主学习和探究的学生,采用自主学习、研究性学习等教学方法,满足学生的学习需求。针对不同课程特点和学生需求,采用多种教学方法,如讲授、讨论、实验、实训、案例分析、项目等,以丰富课堂教学内容,激发学生的学习兴趣[①]。针对不同学生的学习习惯和兴趣爱好,可以采用个性化教学方法,如小组讨论、自主学习、研究性学习等,满足学生的学习需求,提高学习效果。将不同教学方法进行融合,如讲授与讨论相结合,实验与案例分析相结合,以提高教学

---

① 林鹏岩.多元文化在高中音乐鉴赏中的合理应用研究[J].新课程(下),2019,(06):48.

效果,丰富学生的学习体验。结合现代教育技术,如多媒体教学、网络教学、虚拟实验等,创新教学方法,提高课程教学的趣味性和有效性。

六、评价标准的制定

评价标准应该与课程目标和内容相一致,能够全面反映学生的学习情况。评价标准包括学习成绩、学习态度、学习能力等方面,以全面评价学生的学习情况。传统的考试评价只能反映学生的记忆和理解能力,而不能全面评价学生的学习情况。采用多种评价方法,如作业评价、课堂表现评价、项目评价、实验评价等,以全面了解学生的学习情况。评价体系应该包括评价标准、评价方法、评价工具等内容,能够指导评价者进行评价。评价体系应该能够全面反映学生的学习情况,确保评价的客观性和科学性。定期评价能够及时发现课程存在的问题,及时进行调整和改进。

七、教材和资源的选择

在选择教材和资源之前,教师需要充分了解课程要求,包括教学目标、教学内容、教学方法等。只有了解了课程要求,才能选择符合要求的教材和资源。教师应选择权威性的教材,确保教材内容准确、全面、权威。权威性教材通常由专业领域的专家编写,具有较高的学术水平和教学实用性。教师应根据学生的实际水平和学习需求,选择与学生水平相适应的教材。教材的难易程度应与学生的学习能力相匹配,以确保教学效果。教师应选择多样化的教学资源,包括教科书、参考书、期刊论文、多媒体资料、网络资源等。多样化的教学资源可以丰富教学内容,激发学生的学习兴趣,提高教学效果。教师应选择与教学内容相关的实践性资源,包括案例分析、实地考察、实验操作等。实践性资源帮助学生将理论知识应用到实际问题中,提高学生的实际操作能力和解决问题的能力。

第三节　教师要引导学生批判地看待多元文化

一、引导学生了解多元文化的概念和特点

(一)引导学生了解多元文化的概念

在音乐鉴赏课中,教师可以引导学生了解不同文化的音乐特征,包括音乐风格、乐器、节奏、旋律等方面的差异。通过比较不同文化的音乐特征,学生可以更好地理解不同文化之间的差异和联系。选择来自不同国家或地区的音乐作品,让学生通过欣赏和分析,了解不同文化的音乐特征。音乐是文化的产物,不同文化的音乐历史反映了该文化的发展和变迁。在音乐鉴赏课中,教师引导学生了解不同文化的音乐历史,包括音乐的起源、发展和演变。通过了解不同文化的音乐历史,学生更好地理解不同文化之间的联系和影响。选择不同历史时期的音乐作品,让学生通过欣赏和分析,了解不同文化的音乐历史。音乐在不同文化中具有不同的意义和功能,反映出该文化的价值观、信仰和生活方式。在音乐鉴赏课中引导学生了解不同文化的音乐意义,包括音乐在宗教、仪式、娱乐等方面的作用。通过了解不同文化的音乐意义,学生可以更好地理解不同文化的生活方式和社会习俗。选择不同场合或仪式上的音乐作品,让学生通过欣赏和分析,了解不同文化的音乐意义。

(二)分析多元文化的特点

世界各地的音乐都有其独特的风格和特点,反映了当地的文化传统和价值观。比如,非洲的鼓乐、拉丁美洲的探戈、印度的印度音乐等,都有着浓厚的地域特色和文化内涵。通过学习这些音乐作品,学生可以了解不同文化的音乐特点,拓展自己的音乐视野,增进对多元文化的理解。通过观察和分析不同文化的舞蹈作品,学生可以了解不同文化背景下的舞蹈特点。舞蹈是一种重要的文化表达方式,不同文化背景下的舞蹈作品反映了当地的文化传统和生活方式。印度的印度舞、中国的民族舞、

非洲的部落舞等,都有着独特的舞蹈风格和表现形式。通过学习这些舞蹈作品,学生可以了解不同文化的舞蹈特点,拓展自己的舞蹈视野,增进对多元文化的理解。通过观察和分析不同文化的服饰,学生了解不同文化背景下的服饰特点。服饰是人们日常生活中的重要组成部分,不同文化背景下的服饰反映了当地的生活方式和价值观。比如,印度的传统服饰、日本的和服、非洲的传统服饰等,都有着独特的风格和特点。通过学习这些服饰,学生可以了解不同文化的服饰特点,拓展自己的服饰视野,增进对多元文化的理解。

(三)引导学生欣赏多元文化的艺术作品

音乐和舞蹈是每种文化的独特表达方式,通过欣赏不同文化的音乐和舞蹈,学生可以感受到不同文化的美丽和魅力。比如,播放非洲部落的鼓舞音乐和舞蹈视频,让学生感受到非洲文化的独特魅力。播放印度的印度舞和印度音乐视频,让学生感受到印度文化的独特魅力。通过这种方式,学生可以更加深入地了解不同文化,培养对不同文化的包容心和理解力。在全球化的今天,跨文化交流能力已经成为一种重要的能力。通过欣赏不同文化的音乐和舞蹈,学生可以更加深入地了解不同文化,培养对不同文化的包容心和理解力,与来自不同文化背景的人进行交流,建立良好的跨文化关系。通过播放不同文化的音乐和舞蹈视频,激发学生对音乐和舞蹈的兴趣。音乐和舞蹈是人类文化的重要组成部分,通过欣赏不同文化的音乐和舞蹈,学生更加深入地了解音乐和舞蹈的魅力,激发他们对音乐和舞蹈的兴趣,学生就会更加主动地去了解和学习不同文化的音乐和舞蹈,更好地培养自己的音乐和舞蹈欣赏能力。

(四)组织跨文化交流活动

通过参观不同国家或地区的音乐演出,学生可以听到不同种类的音乐,了解不同文化的音乐特点和风格。组织学生去听一场中国京剧、印度舞蹈音乐会、非洲鼓乐演出等,让学生感受到不同文化的独特魅力,拓宽他们的音乐视野,培养他们的音乐鉴赏能力。艺术展览包括绘画、雕塑、摄影等多种形式的艺术作品,通过参观这些展览,学生了解不同文化的艺术风格和表现形式。组织学生去参观中国古代绘画展、欧洲现代雕塑展、非洲部落摄影展等,让学生感受到不同文化的艺术魅力,拓宽他们的艺术视野,培养他们的艺术鉴赏能力。在当今社会,不同文化之间的交流和融合越来越频繁,学生需要具备跨文化交流能力和跨文化理解能力,才能更好地适应未来社会的发展。参观不同文化的音乐演出、艺术展览等活动让学生在实践中学习,更加深刻地理解和体验不同文化,从而促进跨文化交流和理解。

(五)鼓励学生进行跨文化研究

选择不同文化的音乐作品进行研究和分析帮助学生了解不同文化的音乐特点。不同文化的音乐在节奏、旋律、和声、乐器等方面都有着独特的特点。通过研究和分析不同文化的音乐作品,学生可以深入了解不同文化的音乐特点,从而拓展自己的音乐视野。不同文化的音乐作品反映了各自的历史、传统和价值观。比如,中国古典音乐以其深厚的历史和传统为特色,西方古典音乐则以其对个人情感的表达和对音乐形式的探索而著称。通过研究和分析不同文化的音乐作品,学生可以了解不同文化的表现形式,从而增强对不同文化的理解和包容性。通过研究和分析不同文化的音乐作品,学生可以拓展自己的音乐视野,了解世界各地的音乐风格和传统,从而丰富自己的音乐知识和经验。

二、引导学生分析和比较不同文化音乐

(一)音乐的社会背景

教师通过讲解和讨论的方式,向学生介绍不同文化的发展历程、社会制度、宗教信仰、民俗风情等方面的信息,让学生对不同文化有一个基本的了解。选取代表性的音乐作品,让学生分析其音乐风格、曲式结构、节奏特点、乐器运用等方面的特点,并与其他文化的音乐进行比较,从而深入了解不同文化音乐的独特之处。引导学生探讨不同文化音乐在社会生活中的作用。比如,某些音乐可能是宗教仪式中的重要组成部分,而另一些音乐可能是民间庆典或婚礼中的必备节目。通过讨论不同文化音乐的社会功能和意义,学生可以更好地理解音乐作品所承载的文化内涵。不同文化音乐的创作背景和表现形式也是学生需要了解的重要内

容。教师选取一些具有代表性的音乐作品,向学生介绍其创作背景和表现形式,让学生了解音乐作品所反映的社会现实和文化特征。鼓励学生进行跨文化交流和合作,组织学生进行音乐作品的演奏或创作,让他们在实践中体验不同文化音乐的魅力,增进对不同文化的理解和尊重。

(二)音乐的艺术特色

选择一些相似的音乐作品,让学生比较它们的艺术特色,也可以选择一些不同的音乐作品,让学生比较它们的异同之处。通过这样的比较分析,学生可以更好地理解不同文化音乐的艺术特色,培养他们的跨文化交流能力。

三、鼓励学生尊重和包容不同文化音乐

在教学中选择来自不同国家和地区的音乐作品,让学生在欣赏音乐的过程中感受到不同文化的独特魅力。组织学生进行音乐欣赏活动,让他们在欣赏音乐的过程中感受到不同文化的魅力。组织学生进行音乐鉴赏比赛,让他们在欣赏不同文化音乐的过程中体会到音乐的美妙和魅力。通过音乐欣赏活动帮助学生增强对不同文化音乐的包容和尊重,培养他们的跨文化交流能力。通过音乐故事和背景知识来引导学生尊重和包容不同文化音乐。在教学中,教师向学生介绍不同文化音乐的故事和背景知识,让他们了解不同文化音乐的历史和传统。向学生介绍非洲鼓乐的起源和发展、拉丁美洲探戈音乐的特点和传统、印度音乐的历史和演变等,让学生在了解音乐的背景知识的同时感受到不同文化音乐的魅力。通过音乐故事和背景知识,帮助学生增强对不同文化音乐的包容和尊重,培养他们的跨文化交流能力[1]。组织学生进行音乐创作和表演活动,让他们在创作和表演音乐的过程中感受到不同文化音乐的魅力。让学生学习非洲鼓乐的演奏技巧、拉丁美洲探戈音乐的舞蹈动作、印度音乐的唱法等,让他们在创作和表演音乐的过程中体会到不同文化音乐的魅力。通过音乐创作和表演帮助学生增强对不同文化音乐的包容和尊重,培养他们的跨文化交流能力。

---

[1]杨瑶.多元文化视角下的音乐鉴赏实践方法研究[J].喜剧世界(下半月),2022,(07):73-75.

四、引导学生思考多元文化对音乐的影响

(一)引导学生思考多元文化对音乐创作的影响

不同的文化背景会影响音乐的创作方式、音乐的表现形式、音乐的主题内容等方面。比如,西方音乐强调和声、旋律和节奏的结合,东方音乐则注重音色、音韵和情感的表达。通过比较不同文化背景下的音乐作品,学生可以更清晰地认识到多元文化对音乐创作的影响。不同的文化背景会形成不同的音乐传统和演奏技巧,这些传统和技巧会直接影响到音乐的创作和表演。非洲音乐强调律动和集体合作,印度音乐则注重即兴演奏和音乐的情感表达。通过学习不同文化背景下的音乐传统和演奏技巧,学生更深入地理解多元文化对音乐创作的影响。不同的文化背景会形成不同的音乐主题和表现形式,这些主题和形式会直接影响到音乐的创作和演奏。西方音乐强调个人情感和内心体验,非洲音乐则注重社会生活和集体体验。通过学习不同文化背景下的音乐主题和表现形式,学生可以更全面地认识到多元文化对音乐创作的影响。通过学习不同文化背景下的音乐风格、传统、主题和交流,学生可以更深入地认识到音乐创作是一个多元文化交融的过程,不同文化的交流和融合会为音乐创作带来更丰富的灵感和表现形式。学生可以更加客观地欣赏和评价不同文化背景下的音乐作品,从而培养出更宽广的音乐审美观和文化包容力。

(二)引导学生思考多元文化对音乐表演的影响

不同文化背景下的音乐表演风格各具特色,反映了不同文化的审美观念和情感表达方式。西方古典音乐强调和声的复杂性和音乐结构的严谨性,非洲音乐则注重节奏的复杂性和即兴演奏的特点。这种多样性的音乐风格丰富了音乐表演的形式,使人们能够欣赏到不同文化背景下的音乐表演风格。不同文化的音乐表演形式也各具特色,反映了不同文化的生活方式和社会习俗。中国的京剧和西方的歌剧都是具有代表性的音乐表演形式,它们在表演形式、音乐风格和情感表达上有着明显的差异。这种多元化的音乐表演形式使人们能够了解不同文化的艺术表达方式,促进了文化交流和理解。不同文化都有其独特的音乐表演风格

和形式,我们应该尊重不同文化的音乐传统,不断拓展音乐的视野,增强文化包容性。借鉴其他文化的音乐表演风格和形式,丰富自己的音乐表演技巧和表现方式,提高音乐的艺术水平。音乐是一种跨文化的艺术形式,促进不同文化之间的交流和理解,增进世界各国人民的友谊和合作。

(三)引导学生思考多元文化对音乐传播的影响

多元文化的存在为音乐传播提供了丰富的内容和渠道。不同文化之间的交流和对话,使得音乐能够通过不同的传播方式和媒介传达给全球观众。不同文化之间的交流和对话,使得音乐传播能够吸收和融合不同文化的传播方式和传播理念,丰富了音乐的传播形式和传播效果。中国的古典音乐和西方的流行音乐在传播方式上的融合,产生了新的音乐传播模式和市场需求,拓展了音乐传播的发展空间和市场潜力。多元文化的存在为音乐产业和市场提供了丰富的资源和机遇。不同文化之间的交流和融合,使得音乐产业和市场能够吸收和融合不同文化的音乐产品和服务,从而丰富了音乐的产业链和市场需求。例如,世界音乐节和国际音乐展览会上,来自不同国家和地区的音乐产品和服务能够在同一个平台上展示和推广,促进了音乐产业和市场的跨文化交流和合作。不同文化之间的交流和对话,使得音乐产业和市场能够接触到不同文化的音乐产品和服务,拓展了它们的经营思路和市场策略。

五、鼓励学生通过参与多元文化音乐活动

(一)提供多元文化音乐活动的机会

学校可以邀请来自不同国家或地区的音乐家和乐队进行表演,让学生在欣赏音乐的同时,也了解不同文化背景下的音乐表现形式和特点,拓宽学生的音乐视野,增进学生对不同文化的理解和尊重。邀请专业音乐家或音乐老师来进行音乐工作坊,教授学生不同音乐形式的演奏技巧和表现方法。比如,组织非洲鼓教学、印度舞曲演奏等工作坊,让学生在实践中感受和学习不同音乐形式的魅力,激发学生对音乐的兴趣,培养学生的音乐表现能力和创造力。组织各种类型的音乐比赛,比如歌唱比赛、乐器演奏比赛、创作音乐比赛等,让学生有机会展示自己的音乐才

华,激发学生对音乐的热爱,提高学生的音乐表现能力和自信心。比赛也可以成为学生交流和学习的平台,让他们互相借鉴和学习,共同进步。

(二)鼓励学生尝试不同的音乐风格

通过学习不同文化的音乐,学生可以了解不同国家和地区的音乐传统、乐器、曲调和节奏,从而增加对世界各地文化的了解。通过学习不同文化的音乐,学生可以了解不同文化的特点和魅力,增加对世界的好奇心和探索欲望,从而更好地适应多元文化的社会环境。不同文化的音乐风格各具特色,学习不同文化的音乐可以帮助学生了解不同的音乐风格和表现方式,从而丰富他们的音乐素养。通过学习不同文化的音乐,学生接触到不同的音乐曲调、节奏和表现形式,从而提高他们的音乐表现能力。学生学习到不同文化的音乐技巧和表现方式,从而更好地发展自己的音乐才能,提高自己的音乐表现水平。通过学习不同文化的音乐,学生接触到不同的音乐风格和表现方式,从而拓宽自己的音乐视野。

(三)提供资源支持

学校可以提供各种类型的乐器,以满足学生的不同需求,比如钢琴、吉他、小提琴、大提琴、长笛、萨克斯,让学生在音乐课上学习和练习,也可以在学校的音乐活动中使用。提供一些特殊的乐器,比如非洲鼓、印度鼓、拉丁打击乐器等,以丰富学生的音乐体验。通过提供各种类型的乐器,学校激发学生对音乐的兴趣,让他们有更多的选择和机会去尝试不同的音乐风格和表现形式。提供音乐设备,比如音响、录音设备、调音台等,以支持学生的音乐表演和创作。音响设备让学生在学校的音乐会上有更好的表现,录音设备可以让学生录制自己的音乐作品,调音台让学生学习和实践音乐制作的技术。通过提供音乐设备,学校为学生提供更多展示自己音乐才华的机会,让他们更好地理解音乐制作的过程和技术。提供其他资源支持,比如音乐图书、音乐杂志、音乐影视资料等,让学生更深入地了解音乐的历史、文化和发展,让他们更广泛地接触不同类型的音乐作品和表演。通过提供其他资源支持,学校为学生提供更多的学习和欣赏音乐的机会,让他们更好地了解和尊重不同文化的音乐传统和表现形式。

(四)鼓励学生自主组织音乐活动

学生可以通过组织音乐会、音乐节、音乐比赛等形式,展示不同文化的音乐艺术,让更多的人了解和欣赏不同文化的音乐。在组织这样的活动过程中,学生需要策划活动内容、联系演出嘉宾、协调活动流程等,这些都需要他们发挥创造力和领导能力。通过这样的活动,学生可以锻炼自己的组织能力和团队合作能力,培养自己的领导潜力。学生在学习之余,可以通过参与音乐活动来放松自己,享受音乐带来的快乐,为学生提供一个展示自己才华的舞台,让他们有机会展现自己的音乐才华,提高自信心。学生还可以通过参与音乐活动结识更多的朋友,拓展自己的人际关系,丰富自己的社交圈子。学生可以接触到来自不同国家和地区的音乐,了解不同文化的音乐特色和表现形式。通过欣赏和学习不同文化的音乐,学生可以增进对其他文化的了解和尊重,培养自己的国际视野和跨文化交流能力,帮助学生打破文化隔阂,促进不同文化之间的交流与融合,培养学生的国际意识和跨文化交流能力。学校可以通过鼓励学生自主组织多元文化音乐活动,提高学生的综合素质。音乐活动需要学生具备一定的音乐素养和表演能力,参与这样的活动帮助学生提高自己的音乐素养和表演技巧。学生通过参与音乐活动锻炼自己的表达能力和沟通能力,培养自己的审美情趣和艺术修养。

第四节 创新教学方式让学生在课堂中发挥自主性

一、引入多元化音乐素材

音乐是人类文化的重要组成部分,不同地区、不同民族的音乐风格和表现形式各有特色。通过学习和欣赏不同文化背景的音乐作品,学生了解到世界各地的音乐传统和风格,增强对不同文化的尊重和理解。音乐作为一种艺术形式,有着丰富多彩的表现形式和风格。通过接触不同风格的音乐作品,学生拓宽自己的音乐视野,了解到不同风格音乐的特点和表现形式，提高对音乐的鉴赏能力，有助于培养学生的审美情趣和艺术修养，提升他们的音乐素养和文化修养[1]。通过播放音乐录音或视频的形式，让学生直接听到和看到不同风格、不同文化背景的音乐作品，让学生在课堂上亲身感受到不同音乐风格的魅力，激发他们的兴趣和好奇心。邀请专业音乐人或音乐教育工作者来学校进行音乐讲座或表演，向学生介绍不同文化背景的音乐作品，让学生在亲身参与的过程中更深入地了解和体验不同文化的音乐艺术。组织学生到音乐厅、音乐会或音乐节等场所参观和欣赏不同风格、不同文化背景的音乐表演，让学生在实践中感受到音乐的魅力，增强对音乐的理解和欣赏能力。

要根据学生的实际情况和兴趣爱好选择合适的音乐作品。不同学生对音乐的喜好和接受程度有所不同，教师应该根据学生的实际情况和兴趣爱好选择合适的音乐作品，让学生在欣赏中感受到音乐的魅力。要注重音乐作品的教育性和启发性。音乐作品不仅是一种艺术表现形式，还可以传达丰富的文化内涵和人生哲理。教师在引入音乐作品时，要注重其教育性和启发性，引导学生从中汲取知识和智慧，提高他们的文化修养和人文素养。

随着现代科技的发展，音乐App、音乐网站等成为了学生获取音乐作品的重要渠道。利用这些现代科技手段，让学生自主选择他们感兴趣的音乐作品，不仅可以激发学生的学习兴趣，还可以提高他们的音乐鉴赏能力。随着智能手机的普及，各种音乐App成为了学生获取音乐作品的主要途径。在高中音乐鉴赏课中引导学生使用这些音乐App，让他们根据自己的兴趣和喜好选择自己喜欢的音乐作品。学生通过搜索、推荐等功能找到自己感兴趣的音乐作品，然后进行欣赏和分析，听到自己喜欢的音乐，在老师的指导下进行深入的音乐鉴赏，提高自己的音乐素养。在高中音乐鉴赏课中，引导学生使用音乐网站，让他们根据自己的兴趣和喜好选择自己喜欢的音乐作品。学生可以通过搜索、排行榜等功能找到自己感兴趣的音乐作品，然后进行欣赏和分析。通过这种方式，学生可以接触到各种不同类型的音乐作品，拓宽自己的音乐视野，提高自己

---

[1]李燕.高校音乐鉴赏课中多元音乐文化的融入——评《多元民族音乐文化研究》[J].中国教育学刊,2021,(03):133.

的音乐鉴赏能力。学生利用社交媒体平台分享自己喜欢的音乐作品,与同学们交流和讨论。利用在线音乐课堂,让学生在老师的指导下进行音乐作品的欣赏和分析。利用音乐播放器,让学生在课堂上分享自己喜欢的音乐作品,增加课堂的趣味性和互动性。利用音乐软件,让学生进行音乐作品的创作和编曲。通过这些现代科技手段,让学生更加自主地选择他们感兴趣的音乐作品,激发他们的学习兴趣,提高他们的音乐鉴赏能力。

音乐游戏让学生在轻松的氛围中接触音乐,增强对音乐的理解和感受,提高学生的音乐素养和审美能力。音乐游戏是一种集体性的活动,可以促进学生之间的交流和合作,培养学生的团队精神和集体荣誉感。音乐游戏是以音乐为媒介进行的一种娱乐活动,让学生在轻松的氛围中接触音乐,增强对音乐的理解和感受。音乐游戏提高学生的音乐素养和审美能力,激发学生对音乐的兴趣,促进学生的全面发展。音乐游戏让学生在玩耍中学习,增强对音乐的理解和感受,激发学生对音乐的兴趣。音乐游戏让学生在轻松的氛围中接触音乐,增强对音乐的理解和感受,提高学生的学习积极性和参与度。教师播放一段音乐,学生根据听到的音乐特征(如旋律、节奏、音色等)进行辨认,然后进行讨论和总结。学生分成若干小组,每个小组选择一首喜欢的音乐,进行表演,然后进行评比和点评。教师出一些关于音乐的问题,学生进行答题比赛,增加学生对音乐知识的了解。学生分成若干小组,每个小组进行音乐创作,然后进行展示和评比。学生围绕一个音乐主题进行故事编排,每个学生依次接龙,进行故事表演。

二、提倡自主学习

(一)参加音乐课外班

在音乐课外班上,学生可以学习到更多的音乐理论知识,掌握音乐的基本技能,比如唱歌、演奏乐器、音乐创作等。通过系统的学习和训练,学生提高自己的音乐水平,培养自己的音乐才华,为将来的音乐发展打下坚实的基础。音乐是一门需要长期坚持和不断练习的艺术,只有在日常的学习和实践中,学生才能够真正地感受到音乐的魅力和魔力,激发自己对音乐的热爱和热情。通过参加音乐课外班,学生结识更多对音乐感兴趣的同学,一起交流学习,共同进步,共同享受音乐带来的快乐和愉悦。音乐是一门综合性很强的艺术,它不仅需要学生具备良好的音乐素养和技能,还需要学生具备良好的表现力、创造力、团队合作能力等。通过参加音乐课外班,学生在音乐学习和实践中,培养自己的综合素质和能力,提高自己的综合竞争力。在现代社会,学生的学习压力和生活压力都非常大,他们需要一个能够让他们放松心情,释放压力的空间。音乐正是这样一个能够让人们忘却烦恼和压力,放松心情,享受快乐和愉悦的艺术。通过参加音乐课外班,学生可以在音乐的海洋中,忘却一切烦恼和压力,享受音乐带来的快乐和愉悦,让自己的心灵得到净化和升华。

(二)自学乐器

学习乐器可以让学生更深入地了解音乐,比如音乐的结构、旋律、和声等。通过自己的演奏,学生可以更加深刻地感受音乐的魅力,从而提高自己的音乐素养。学习乐器需要学生掌握一定的乐理知识和演奏技巧。通过不断地练习和演奏,学生提高自己的音乐能力,比如音准、节奏感、演奏技巧等,帮助学生更好地演奏乐曲,提高学生的音乐表达能力和创造能力。演奏乐器需要学生对音乐有一定的审美能力。通过自己的演奏,学生更加深入地理解音乐的美感,从而提高自己的审美能力。

三、个性化辅导

每个学生都有自己独特的音乐偏好和特长,有的喜欢流行音乐,有的喜欢古典音乐,有的喜欢摇滚乐,有的喜欢民族音乐,有的擅长演奏乐器,有的擅长歌唱表演。老师可以通过问卷调查、小组讨论、个人交流等方式,了解学生的音乐兴趣和特长,然后针对性地进行教学安排和指导。对于音乐兴趣和特长较为突出的学生,老师可以给予更多的指导和支持,帮助他们更好地发展自己的音乐才华。对于擅长演奏乐器的学生,安排专门的指导老师进行一对一的指导。对于擅长歌唱表演的学生,安排专门的声乐老师进行一对一的指导。通过个性化的辅导和指导帮助学生更好地发展自己的音乐特长,实现个性化的音乐教育目标。如果老师只是一味地灌输知识,而不关注学生的学习方式和学习节奏,那么学生可能会觉得学习音乐是一件很吃力的事情。如果老师能够鼓励学生发挥自己的特长和个性,让他们以自己喜欢的方式和节奏来学习音乐,那么学生就会更加轻松地掌握音乐知识,从而提高学习效果。

第五节　调整高中音乐鉴赏课的课程评价方式

一、多元化评价方式

(一)考试评价

通过考试评价,老师了解学生对音乐鉴赏课程的掌握程度,包括音乐知识、音乐欣赏能力和音乐技能等方面,有助于老师及时发现学生的学习问题,及时进行调整和帮助,提高教学效果。考试评价可以激励学生努力学习,提高自己的音乐鉴赏能力。通过考试评价,学生了解自己的学习成绩,从而认识到自己的不足之处,进而努力提高自己的学习水平。考试评价可以促进教学质量的提高。通过考试评价,老师了解学生的学习情况,及时调整教学内容和方法,提高教学效果,促进教学质量的提高。

音乐鉴赏课程的考试评价内容应该包括音乐知识、音乐欣赏能力和音乐技能等方面。音乐知识是音乐鉴赏课程的基础,包括音乐史、音乐理论、音乐形式、音乐风格等方面。考试评价通过选择题、填空题、解答题等形式,考查学生对音乐知识的掌握程度。音乐欣赏能力是音乐鉴赏课程的核心,包括对音乐作品的欣赏、分析和评价等方面。考试评价通过听力测试、乐谱分析、作品分析等形式,考查学生对音乐作品的欣赏能力。乐技能是音乐鉴赏课程的重要组成部分,包括音乐表演、音乐创作、音乐表达等方面。考试评价通过演奏测试、创作作品、表达能力等形式,考查学生的音乐技能。选择题可以包括单选题、多选题等形式,题目应该具有一定的难度,能够考查学生对音乐知识的深度和广度。听力测试是考试评价中常用的一种方法,考查学生对音乐作品的欣赏能力。听力测试的题目应该具有一定的难度,能够考查学生对音乐作品的欣赏能力。演奏测试的题目应该具有一定的难度,能够考查学生的音乐技能。传统的考试评价主要注重学生对音乐知识的掌握程度,忽视了学生的音乐欣赏能力和音乐技能。考试评价应该注重综合能力的考查,包括音乐知识、音乐欣赏能力和音乐技能等方面。音乐鉴赏课程的目的是培养学生的音乐欣赏能力和音乐技能,考试评价应该注重实践能力的考查,包括音乐表演、音乐创作、音乐表达等方面。

(二)作业评价

作业评价可以客观地检验学生对音乐鉴赏课程的掌握程度,帮助教师了解学生的学习情况,及时调整教学内容和方法。通过作业评价发现学生的优势和不足,帮助学生全面发展自己的音乐鉴赏能力,提高综合素质。通过对学生作业的内容、表现形式、创新性等方面进行描述和分析,评价学生的音乐鉴赏能力和学习态度。通过对学生作业的得分进行统计和分析,评价学生的音乐鉴赏水平和学习成绩。综合定性和定量评价的方法,全面评价学生的音乐鉴赏能力和学习效果。

根据音乐鉴赏课程的教学目标和内容,制定相应的作业评价标准,明确评价的要求和方法。在布置作业时,要明确作业的要求和目的,指导学生如何完成作业,鼓励学生发挥自己的创造力和想象力[1]。及时收集学生的作业,对学生的作业进行认真审阅和评价,及时给予学生反馈。根据评价标准,对学生的作业进行评价,及时给予学生积极的鼓励和建议,帮助学生改进作业质量。对学生的作业评价结果进行总结和分析,及时调整教学内容和方法,促进学生的全面发展。评价时要客观公正,不受个人情感和偏见的影响,公平对待每一位学生。评价时要鼓励学生发挥自己的创造力和想象力,不拘泥于传统的评价标准,给予学生更多的自由空间。评价后要及时给予学生反馈,帮助学生及时发现自己的不足,及时改进作业质量。评价时要尊重学生的个性差异,不以成绩高低

---

[1] 余琳. 多元文化视角下的音乐鉴赏教学实践研究[J]. 现代职业教育,2021,(29):92-93.

来评价学生的价值,给予每一位学生充分的关爱和尊重。

(三)课堂表现评价

通过观察学生的课堂表现,教师可以了解学生对音乐鉴赏课程的兴趣程度、学习动力和学习效果,及时发现学习中存在的问题,为学生提供个性化的指导和帮助。课堂表现评价可以激励学生的学习积极性,通过及时的表扬和奖励,可以让学生感受到自己的努力得到了认可和肯定,从而更加积极地参与课堂活动,提高学习效果。对于表现不佳的学生,也可以通过评价和反馈,激励他们改进表现,提高学习动力。课堂表现评价促进学生的全面发展,不仅可以评价学生的学习成绩,还可以评价学生的综合素质和能力。通过观察学生的课堂表现了解学生的沟通能力、团队合作能力、创新能力等方面的表现,为学生的全面发展提供参考和指导。观察评价全面地了解学生的学习情况,但需要教师具有敏锐的观察力和客观公正的评价标准。教师可以通过提问的方式,考察学生对音乐鉴赏知识的掌握程度和理解能力。通过问答评价激发学生的学习兴趣,提高学生的思维能力和表达能力,及时发现学生的学习问题,进行针对性的指导。通过小组合作的方式,让学生在课堂上进行合作学习,教师可以观察学生在小组合作中的表现,包括沟通能力、团队合作能力、创新能力等方面,对学生进行评价。小组合作评价促进学生的交流与合作,培养学生的团队意识和创新能力,提高学生的综合素质。

在课堂表现评价的实施过程中,需要建立科学的评价体系,明确评价的目标和标准。评价体系应该包括学习态度、学习能力、学习成绩等方面的评价指标,同时也可以包括学生的综合素质和能力的评价指标,确保评价的全面性和客观性。在课堂表现评价的实施过程中,教师需要及时记录学生的表现情况,同时也需要及时进行反馈。通过及时的记录和反馈,可以及时发现学生的学习问题,为学生提供个性化的指导和帮助,及时表扬和奖励表现优秀的学生,激励学生的学习积极性。在课堂表现评价的实施过程中,教师需要注重个性化评价,根据学生的不同特点和能力,进行差异化的评价。对于表现优秀的学生,给予及时的表扬和奖励,激励他们继续努力。表现不佳的学生,给予及时的评价和反馈,帮助他们改进表现,提高学习动力。在课堂表现评价的实施过程中,教师需要与学生进行沟通,及时反馈学生的表现情况,让学生了解自己的学习情况,明确自己的学习目标和方向。通过与学生进行沟通,增强学生的自我认识和自我管理能力,提高学生的学习效果。

在课堂表现评价的过程中,教师需要保持客观公正的态度,不偏袒不偏袒,对学生进行公正的评价。评价应该基于客观的事实和数据,避免主观臆断和偏见,确保评价的公正性和准确性。在课堂表现评价的过程中,教师既要鼓励学生,激发他们的学习积极性,又要进行指导,帮助学生改进表现。鼓励和指导并重,激发学生的学习动力,提高学生的学习效果。在课堂表现评价的过程中,教师需要进行差异化评价,根据学生的不同特点和能力,进行个性化的评价。

(四)课堂测试评价

通过课堂测试评价,可以了解学生对音乐基本知识、音乐作品的特点和风格、音乐历史和文化等方面的掌握情况,为教师及时调整教学内容和方法提供依据。通过测试评价激发学生对音乐的兴趣,培养学生对音乐的审美情趣和欣赏能力,提高学生的音乐素养。通过测试评价激励学生努力学习音乐知识,提高学习积极性,促进学生的全面发展。

课堂测试评价的内容包括音乐基本知识、音乐作品的特点和风格、音乐历史和文化、音乐欣赏能力。音乐基本知识包括音乐的基本概念、音乐的基本元素、音乐的基本理论等方面的知识。音乐作品的特点和风格包括不同类型的音乐作品的特点和风格,如古典音乐、民族音乐、流行音乐等。音乐历史和文化包括不同历史时期的音乐发展情况、不同文化背景下的音乐特点等。音乐欣赏能力包括对音乐作品的欣赏和分析能力,对音乐表演和演奏的欣赏能力等。

测试时间不宜过长,一般在课堂教学时间内完成,避免对学生的学习负担过重。测试内容应与教学内容相结合,贴近学生的学习实际,避免脱离教学实际。测试结束后,及时对学生的测试结果进行反馈,让学生了解自己的学习情况,及时调整学习方法和学习计划。测试过程中,要鼓励学生积极参与,营造轻松、愉快的测试氛围,激发学生的学习兴趣。

测试内容要贴近学生的学习实际,避免脱离教学实际,测试难度要适中,不宜过于简单或过于复杂。测试结果要客观公正,避免主观性太强,要根据学生的实际表现进行评价,不要片面追求分数。测试结果要及时反馈,让学生了解自己的学习情况,及时调整学习方法和学习计划。测试过程要注重学生的参与,营造轻松、愉快的测试氛围,激发学生的学习兴趣。

(五)课程参与评价

通过课程参与评价让学生感受到自己在学习中的重要性,激发学生的学习兴趣和学习动力,提高学生的学习积极性。课程参与评价帮助教师全面了解学生的学习情况,及时发现学生的问题,为学生提供个性化的学习指导,促进学生的全面发展。通过参与评价,学生可以学会自我评价,提高自我认识能力和自我管理能力,培养学生的自主学习能力。通过课程参与评价,教师了解学生的学习情况,及时调整教学策略,改进教学方法,提高教学效果。教师应根据课程目标和学生的实际情况,制定合理的评价标准,明确评价的内容和要求。教师应根据课程内容和学生的特点,灵活运用不同的评价方法,全面了解学生的学习情况。教师应及时对评价结果进行反馈,让学生了解自己的学习情况,及时调整学习策略。教师应鼓励学生参与评价,让学生感受到自己在学习中的重要性,激发学生的学习兴趣和学习动力。

在进行课程参与评价时,教师应尊重学生的个体差异,不偏袒不公,公正公平地进行评价。教师应鼓励学生自我评价,让学生学会自我认识和自我管理,提高学生的自主学习能力。在进行课程参与评价时,教师应注重培养学生的学习兴趣,激发学生的学习动力,提高学生的学习积极性。通过课程参与评价,教师可以及时了解学生的学习情况,及时调整教学策略,提高教学效果。

(六)课程反馈评价

通过课程反馈评价教师及时了解学生对教学内容的理解程度和学习效果,及时调整教学方法和内容,提高教学效果。通过课程反馈评价,教师了解学生的学习兴趣和需求,根据学生的实际情况进行教学设计,激发学生学习兴趣,提高学习积极性。通过课程反馈评价,教师可以了解学生对教学内容和教学方法的评价,及时调整教学策略,提高教学水平,促进教师专业成长。设计一份针对音乐鉴赏课程的问卷调查,包括学生对教学内容、教学方法、教学效果等方面的评价,了解学生的学习情况和需求。组织学生进行小组讨论,让学生就课程内容和教学方法进行交流和反馈,了解学生的学习情况和需求。通过观察学生的学习情况和表现,了解学生对音乐鉴赏课程的学习情况,及时调整教学方法和内容。

(七)实践性评价

通过实践性评价可以了解学生的音乐表演能力,包括声乐、器乐、舞蹈等方面的表演能力,从而为学生的音乐素养提供更为全面的评价。实践性评价通过学生的音乐表演和创作等实际操作来检验学生对音乐鉴赏知识的掌握程度,更为客观地评价学生的学习成果。实践性评价让学生通过实际操作来感受音乐的魅力,激发学生对音乐的兴趣和热情,更好地促进学生的音乐素养和审美能力的提高。

实践性评价的方法主要包括音乐表演评价、音乐创作评价等方面。音乐表演评价是通过学生的声乐、器乐、舞蹈等表演活动来评价学生的音乐表演能力。评价内容包括音准、节奏、表现力、舞台表现等方面,评价方式采用现场观摩、录像观摩、评委评分等方式进行。音乐创作评价是通过学生的音乐作品创作活动来评价学生的音乐创作能力。评价内容包括作品的创意性、表现力、结构完整性等方面,评价方式可以采用作品展示、评委评分等方式进行。评价内容应该与音乐鉴赏课程的教学目标和学生的实际水平相适应,包括声乐、器乐、舞蹈等方面的表演活动、音乐作品的创作活动、音乐技能的实践活动等内容。评价标准应该具体明确,包括音准、节奏、表现力、创意性、表现力、技能掌握程度等方面的评价标准,以便于对学生的实际操作能力进行客观评价。评价方式应该根据评价内容和评价标准来选择,可以采用现场观摩、录像观摩、评委评分等方式进行,以便于对学生的实际操作能力进行全面评价。评价结果应该及时反馈给学生,包括评价成绩、评价意见等内容,以便于学生了解自己的不足之处,及时进行改进和提高。

二、个性化评价

在音乐鉴赏课程中,学生的音乐兴趣可能涉及不同的音乐类型、风格和表现形式,例如古典音乐、流行音乐、民族音乐等。针对这一点,教师可以根据学生的兴趣爱好,设计不同类型的评价项目和任务,让学生在自己感兴趣的音乐领域得到更好的发挥和评价。在音乐鉴赏课程中,学生可能具有不同的音乐特长,如唱歌、演奏乐器、作曲创作等。教师根据学生的特长和能力,设计相应的评价标准和评价方式,让学生在自己擅长的领域得到更好的发挥和评价。比如,对于擅长唱歌的学生,安排相关的歌唱比赛或演出评价。对于擅长演奏乐器的学生,设计相关的乐器演奏评价项目。对于擅长作曲创作的学生,安排相关的作曲作品评价等。通过这种方式更好地发现和培养学生的音乐特长,提高其音乐表现能力,促进其音乐能力的全面发展。

参考文献
REFERENCES

[1]陈天慧.多元文化在高中音乐教学中的应用[J].学园,2022,15(35):41-43.

[2]杨艳莉.高中音乐鉴赏中融入多元文化的作用探析[J].新课程(下),2019,(09):41.

[3]叶长浩.基于多元文化视角的音乐鉴赏教学研究[J].剧影月报,2020,(04):65-67.

[4]谢凤英.高中音乐鉴赏中多元文化理解的对比分析[J].当代教研论丛,2020,(08):128.

[5]张海玲.高中音乐鉴赏教学中融入多元文化的作用[J].中国文艺家,2019,(08):199.

[6]贺小艺.高中音乐鉴赏中融入多元文化的作用初探[J].中国文艺家,2019,(08):154.

[7]刘芳.高校音乐鉴赏课多元音乐文化的融入[J].戏剧之家,2020,(33):105-106.

[8]戴泽曼.刍议高中音乐鉴赏与多元文化的融入[J].考试周刊,2019,(43):179.

[9]张金华.高中音乐鉴赏中多元文化的合理应用[J].启迪与智慧(中),2020,(02):64-65.

[10]郝海燕.高校音乐鉴赏课如何融入多元音乐文化[J].文教资料,2020,(04):112-113.

[11]李桂梅.多元文化视角下的音乐鉴赏实践研究[J].艺术评鉴,

2019,(02):80-81+99.

[12]胡晓悦.高校音乐鉴赏课如何融入多元音乐文化[J].作家天地,2020,(15):175-176.

[13]王艳萍.高中音乐鉴赏中融入多元文化的作用[J].新课程教学(电子版),2019,(20):91-92.

[14]许彦彬.高中音乐鉴赏中融入多元文化的作用初探[J].教育艺术,2019,(01):41.

[15]项惠丽.音乐鉴赏——多元文化视野的音乐欣赏[J].明日风尚,2020,(12):125-126.

[16]唐方方.多元文化视角下的音乐鉴赏方法浅析[J].喜剧世界(下半月),2020,(06):46-47.

[17]苏庆学.论多元文化视野的音乐欣赏[J].当代音乐,2019,(06):157-158.

[18]孙海钰.音乐教学中的音乐鉴赏生态化课程的构建[J].艺术教育,2020,(06):73-76.

[19]董娜.多元文化视域下的高中音乐鉴赏教学探究[J].中国文艺家,2018,(11):210.

[20]邵爱玉.多元文化视域下的高中音乐鉴赏教学研究[J].科幻画报,2020,(06):279.

[21]文萃.浅析多元文化在高中音乐鉴赏教学中的应用[J].科普童话,2020,(23):87.

[22]由一林.论高校音乐鉴赏课中渗透多元音乐文化的思考[J].艺术品鉴,2018,(33):161-162.

[23]郭君君.多元文化在高中音乐鉴赏教学中的应用分析[J].高考,2020,(19):118.

[24]白桦.多元文化在高中音乐鉴赏教学中的应用分析[J].新课程(下),2019,(10):228.

[25]李江宁.多元文化视角下的音乐鉴赏实践探讨[J].戏剧之家,2021,(31):89-90.

[26]李真.多元文化对高职音乐鉴赏课程教学影响研究[J].三门峡职业技术学院学报,2021,20(01):75-77+82.

[27]林鹏岩.多元文化在高中音乐鉴赏中的合理应用研究[J].新课程（下）,2019,(06):48.

[28]杨璠.多元文化视角下的音乐鉴赏实践方法研究[J].喜剧世界（下半月）,2022,(07):73-75.

[29]李燕.高校音乐鉴赏课中多元音乐文化的融入——评《多元民族音乐文化研究》[J].中国教育学刊,2021,(03):133.

[30]佘琳.多元文化视角下的音乐鉴赏教学实践研究[J].现代职业教育,2021,(29):92-93.